歷史的問題　在於不斷發現真的過去……

温彦國 編纂

温姓本原

綫裝書局

图书在版编目（CIP）数据

温姓本原 / 温彦国编纂 . -- 北京 : 线装书局 ,
2016.1
ISBN 978-7-5120-2096-2

Ⅰ . ①温… Ⅱ . ①温… Ⅲ . ①姓氏—研究—中国
Ⅳ . ① K810.2

中国版本图书馆 CIP 数据核字 (2015) 第 311983 号

温姓本原

编　　纂：温彦国
责任编辑：赵　鹰
装帧设计：王文龙
出版发行：线装书局
　　地　址：北京市西城区鼓楼西大街 41 号（100009）
　　电　话：010-64045283（发行部）　64045583（总编室）
　　网　址：www.xzhbc.com
经　　销：新华书店
印　　制：北京睿和名扬印刷有限公司
开　　本：710mm×1000mm　1/16
印　　张：11.5
字　　数：70 千字
版　　次：2016 年 04 月第 1 版第 1 次印刷
印　　数：0001–5000 册

定　　价：56.00 元

目 次

温姓氏族黄帝之胄颛顼之裔

弁 言

國有史，家有譜，意之重也；人有祖，姓有原，事之本也。

温姓氏族，係黄帝之冑，裔顓頊之後，興於三代之初，有温平始祖，武克禍亂，習心輔主，居功至偉，創温國歷史之基業，開華夏温氏之先尊。歷朝歷代文人賢相輩出，名臣良將不窮，族興人旺，在中華人類文明長河中，有着燦然昭著的人文史事，至今不替。

文化的保存證據，莫過於原石刻的存留。彦國賢棣編纂《温姓本原》一書，有根有據，質憑碑文，疏文獻就裏，證史料因由，遵本原爲實，辨乖舛爲正。爲今後的研究提供了不可代替的功績，這是我的衷心認定。

歐陽中石
2014.4.15

作者：歐陽中石，1928年生，山東泰安人，北京大學邏輯專業畢業，中央文史研究館館員，全國政協委員，首都師範大學教授、博士、博士後導師，中國書法文化研究院名譽院長。是當代集文學、哲學、詩詞、曲賦、音韵、戲劇、書法、繪畫等諸多學科爲一身的著名學者大家。

【唐故太常丞贈諫議大夫温府君神道碑】現存實物

【唐故太常丞赠谏议大夫温府君神道碑】拓片

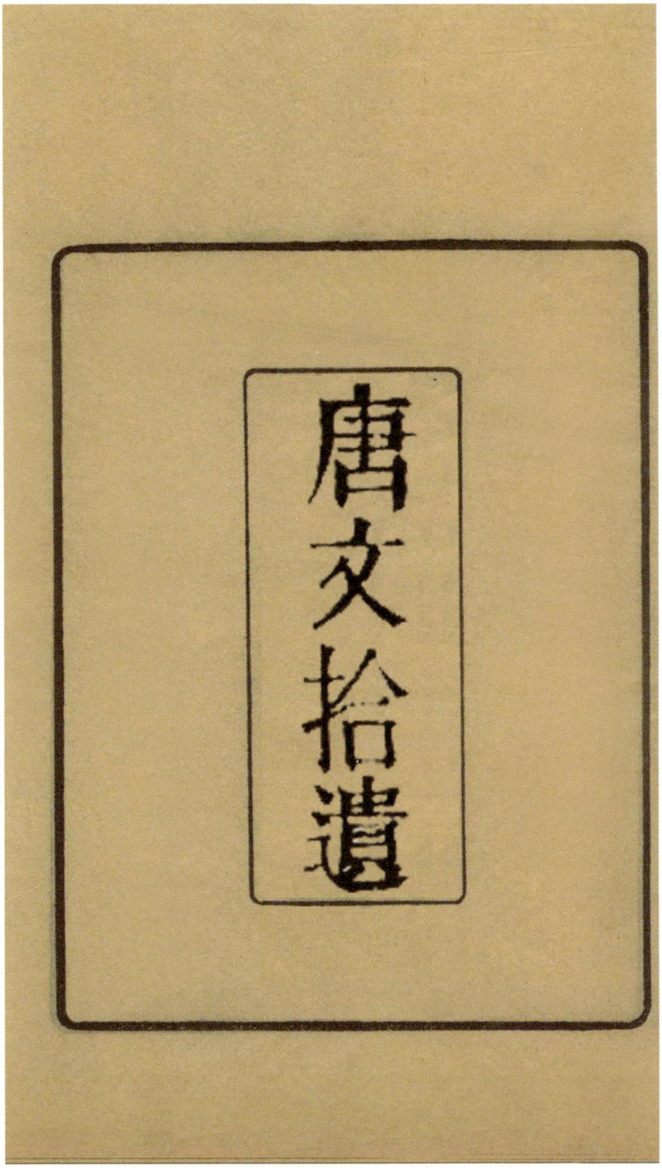

國家圖書館藏《唐文拾遺》載【唐故太常丞贈諫議大夫温府君神道碑并序】

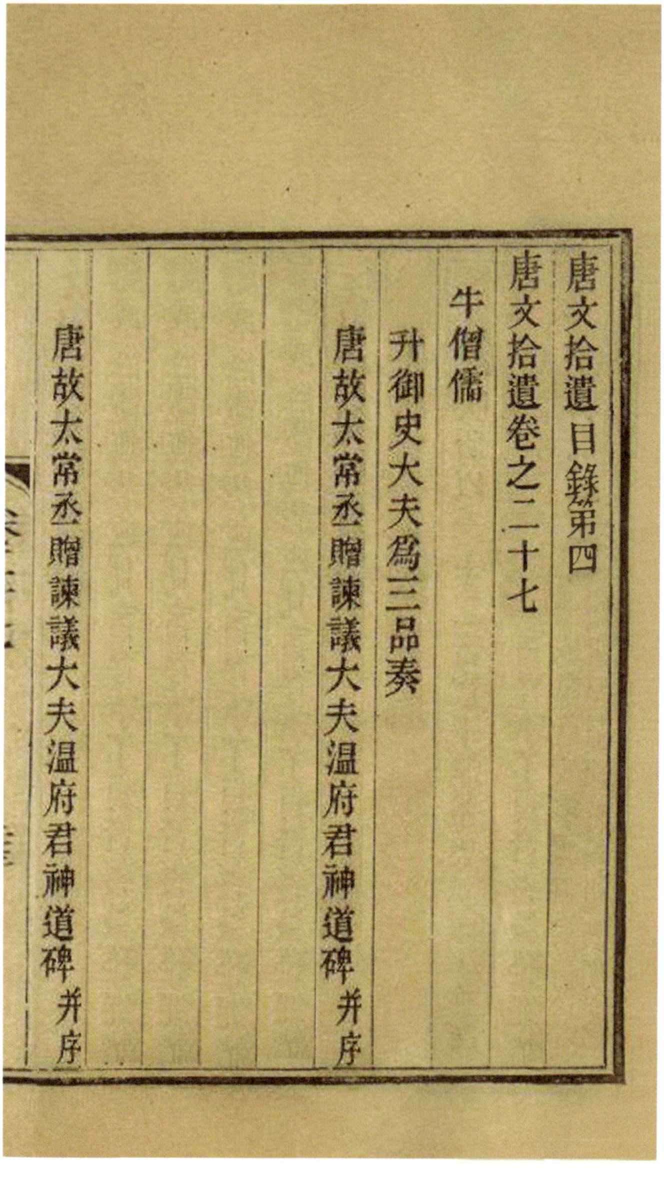

唐文拾遺目錄第四

唐文拾遺卷之二十七

牛僧儒

升御史大夫爲三品奏

唐故太常丞贈諫議大夫温府君神道碑并序

唐故太常丞贈諫議大夫温府君神道碑并序

國家圖書舘藏《唐文拾遺》載【唐故太常丞贈諫議大夫温府君神道碑并序】

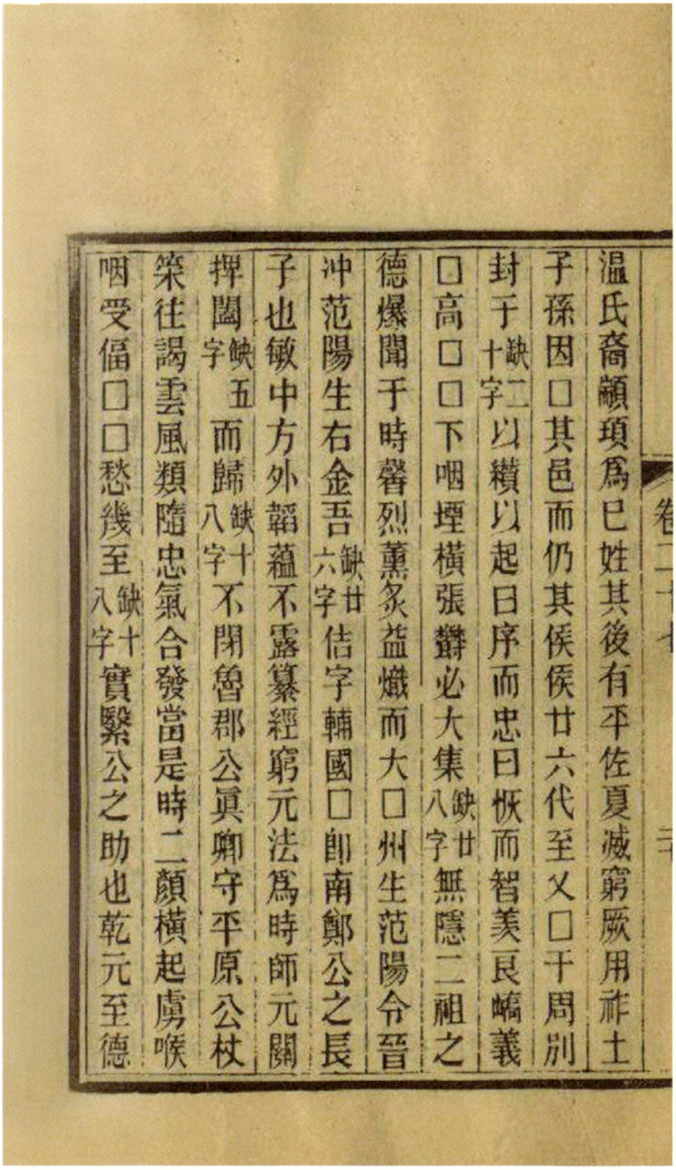
溫氏裔顓頊爲巳姓其後有平佐夏滅窮厥用祚土
子孫因□其邑而仍其侯侯廿六代至乂□于周別
封于缺二十字以績以起日序而忠曰恢而智美艮嶠義
□高□□下咽堙橫張鏻必大集缺廿八字無隱二祖之
德爆聞于時馨烈薰炙益熾而大□州生范陽令晉
冲范陽生右金吾缺廿六字佶字輔國□郎南鄭公之長
子也敏中方外韜蘊不露纂經窮元法爲時師元關
捭闔缺五字而歸缺十八字不閑魯郡公眞卿守平原公杖
策往謁雲風類隨忠氣合發當是時二顏橫起虜喉
咽受偪□□愁殘至缺十八字實繫公之助也乾元至德

國家圖書舘藏《唐文拾遺》載【唐故太常丞贈諫議大夫温府君神道碑并序】

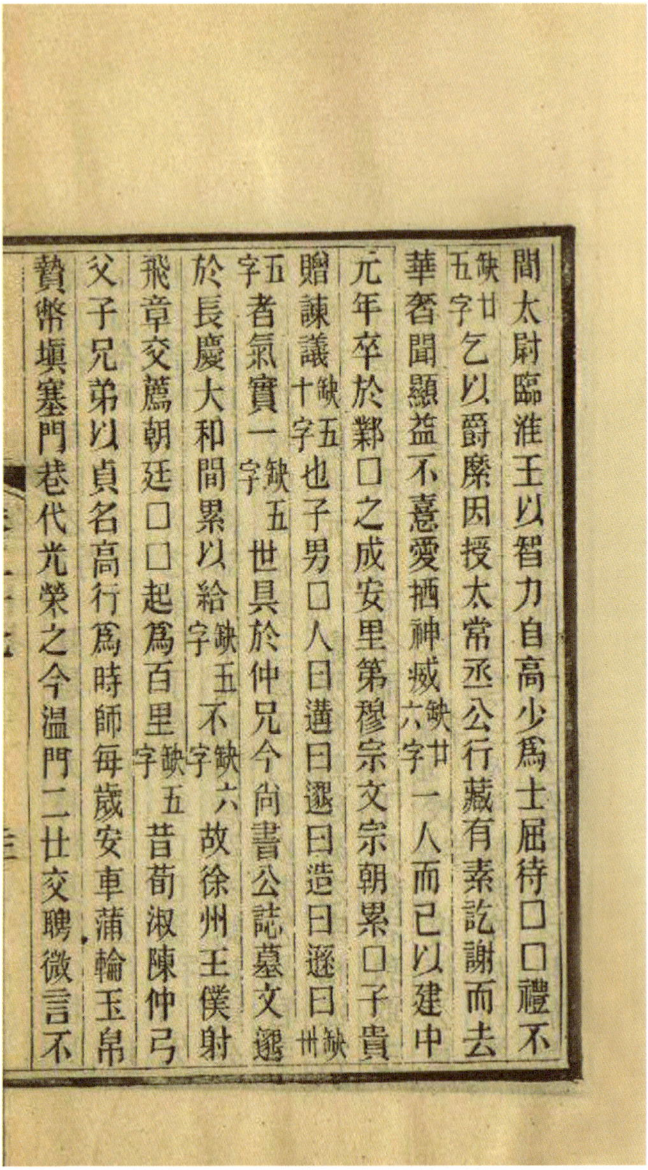
間太尉臨淮王以智力自高少爲士屈待□□禮不缺廿五字乞以爵縻因授太常丞公行藏有素訖謝而去華晉聞顯益不憙愛栖神臧缺廿六字一人而已以建中元年卒於鄴□之成安里第穆宗文宗朝累□子貴贈諫議缺五十字也子男□人曰遘曰遜曰造曰遜曰缺卅五字者氣實一缺五字世具於仲兄今尚書公誌墓文遜於長慶大和間累以給缺五字不缺六字故徐州王僕射飛章交薦朝廷□□起爲百里缺五字昔荀淑陳仲弓父子兄弟以貞名高行爲時師每歲安車蒲輪玉帛贄幣塡塞門巷代光榮之今温門二廿交聘徵言不

國家圖書館藏《唐文拾遺》載【唐故太常丞贈諫議大夫温府君神道碑并序】

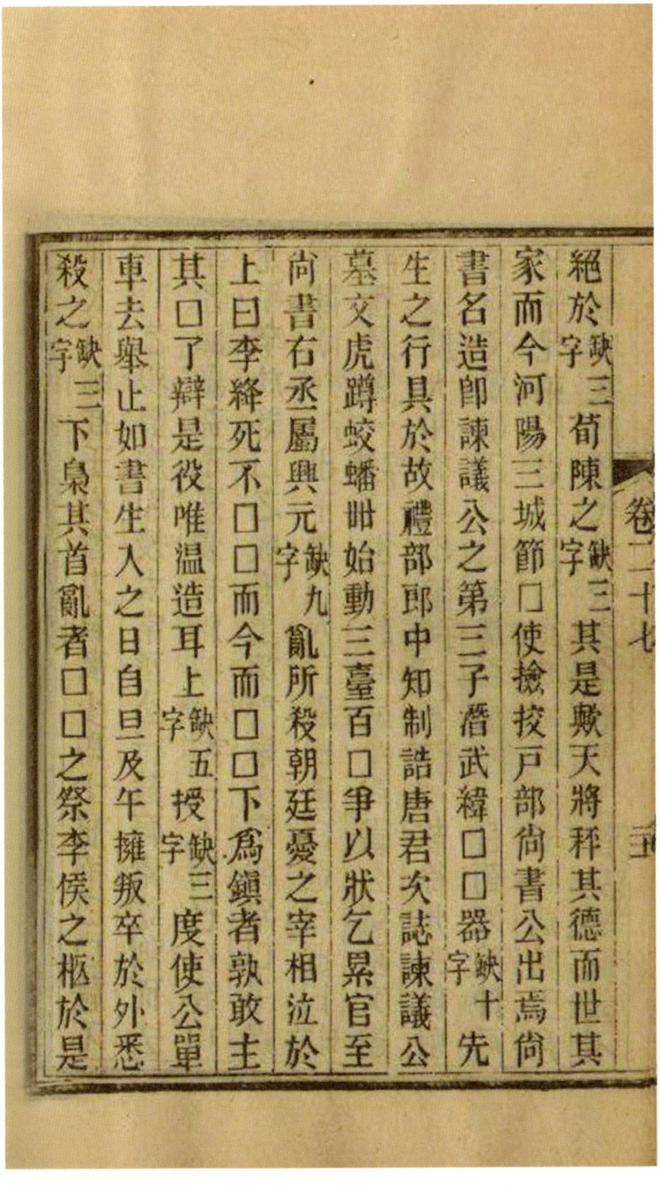

卷二十七

絕於缺三字荀陳之缺三字其是歟天將秤其德而世其家而今河陽三城節□使撿按戶部尚書公出焉尚書名造郎諫議公之第三子潛武緯□□器缺十字先生之行具於故禮部郎中知制誥唐君次誌諫議公墓文虎蹲蛟蟠卝始動三臺百□爭以狀乞畀官至尚書右丞屬興元缺九字亂所殺朝廷憂之宰相泣於上曰李絳死不□□而今而□□下爲鎮者孰敢主其□了辯是役唯溫造耳上缺五字授缺三字度使公單車去擧止如書生入之日自旦及午擁叛卒於外悉殺之缺三字下梟其首亂者□□之祭李侯之柩於是

國家圖書館藏《唐文拾遺》載【唐故太常丞贈諫議大夫溫府君神道碑并序】

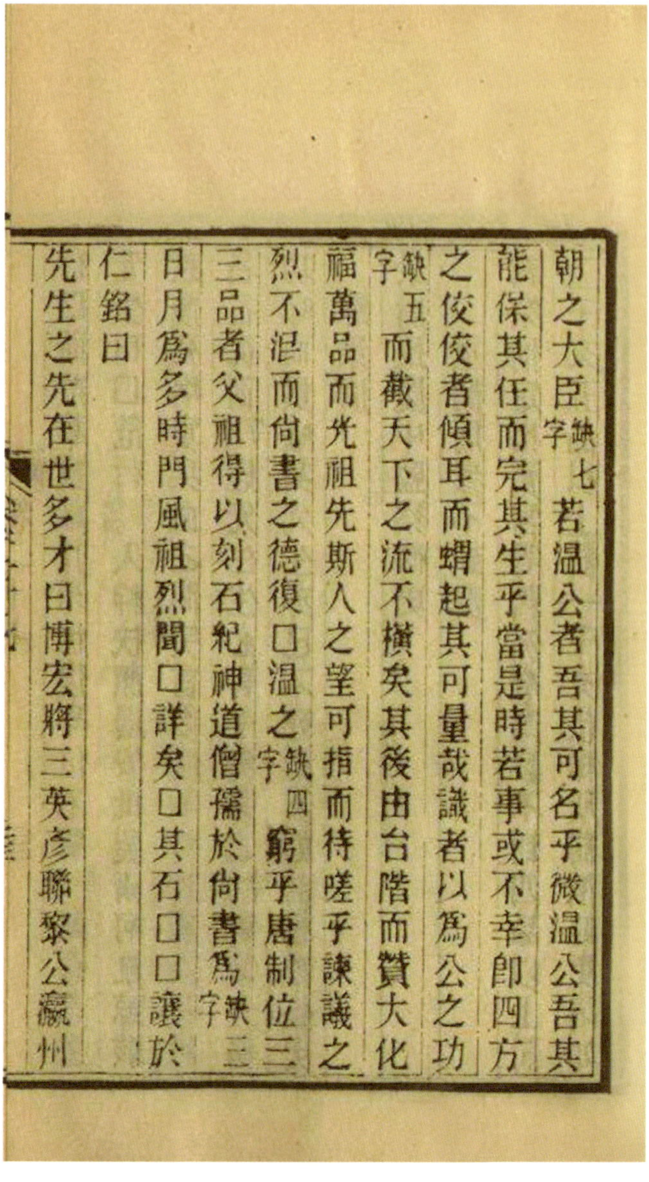
朝之大臣缺七字若温公者吾其可名乎微温公吾其
能保其任而完其生乎當是時若事或不幸即四方
之佼佼者傾耳而蝟起其可量哉議者以爲公之功
缺五字而截天下之流不横矣其後由台階而贊大化
福萬品而先祖先斯人之望可指而待嗟乎諫議之
烈不泯而尚書之德復□温之缺四字窮乎唐制位三
三品者父祖得以刻石紀神道僧孺於尚書爲缺三字
日月爲多時門風祖烈聞□詳矣□其石□□讓於
仁銘曰
先生之先在世多才曰博宏將三英彦聯黎公瀛州

國家圖書舘藏《唐文拾遺》載【唐故太常丞贈諫議大夫温府君神道碑并序】

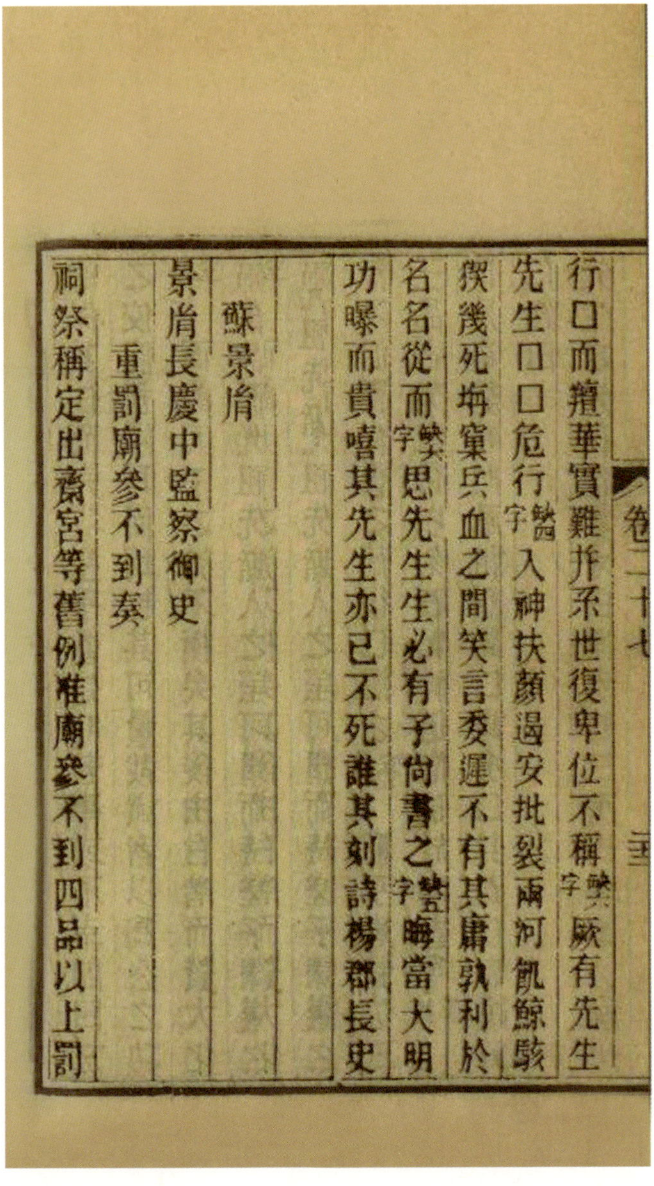
行口而羶華實難并系世復卑位不稱缺字厥有先生
先生口口危行缺字入神扶顏過安批裂兩河飢鯨駭
猰貐死塒窠兵血之間笑言委遲不有其庸孰利於
名名從而缺字思先生生必有子尚書之缺字晦當大明
功曝而貴嘻其先生亦已不死誰其刻詩楊郡長史

蘇景肖
景肖長慶中監察御史
重罰廟參不到奏
祠祭稱定出齋宫等舊例准廟參不到四品以上罰

國家圖書館藏《唐文拾遺》載【唐故太常丞贈諫議大夫温府君神道碑并序】

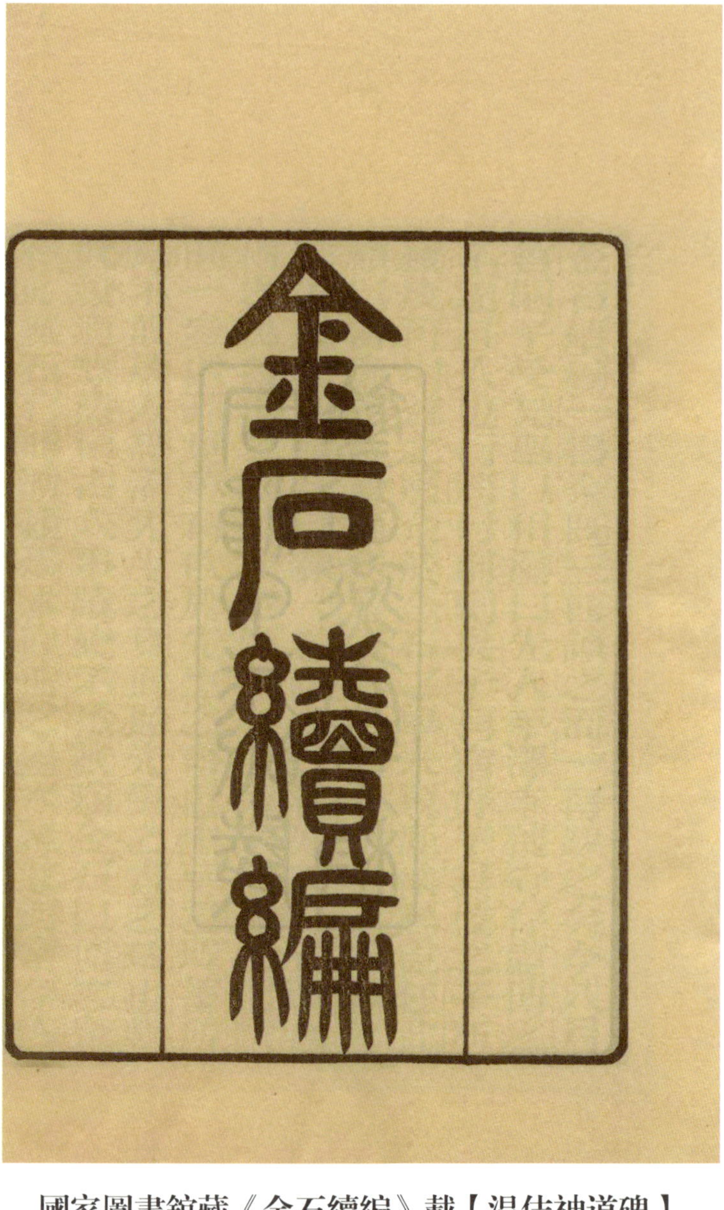

國家圖書館藏《金石續編》載【温佶神道碑】

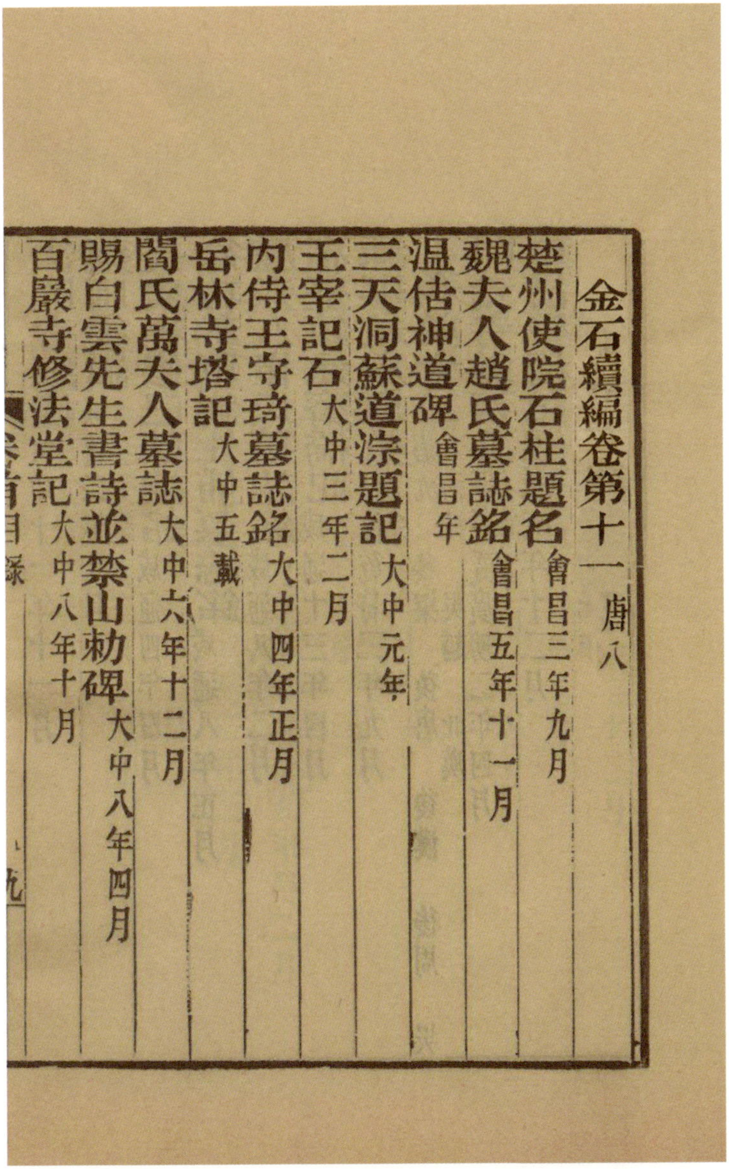

金石續編卷第十一　唐八

楚州使院石柱題名　會昌三年九月

魏夫人趙氏墓誌銘　會昌五年十一月

温佶神道碑　會昌年

三天洞蘇道淙題記　大中元年

王宰記石　大中三年二月

内侍王守琦墓誌銘　大中四年正月

岳林寺塔記　大中五載

閻氏萬夫人墓誌　大中六年十二月

賜白雲先生書詩並禁山勅碑　大中八年四月

百巖寺修法堂記　大中八年十月

國家圖書館藏《金石續編》載【温佶神道碑】

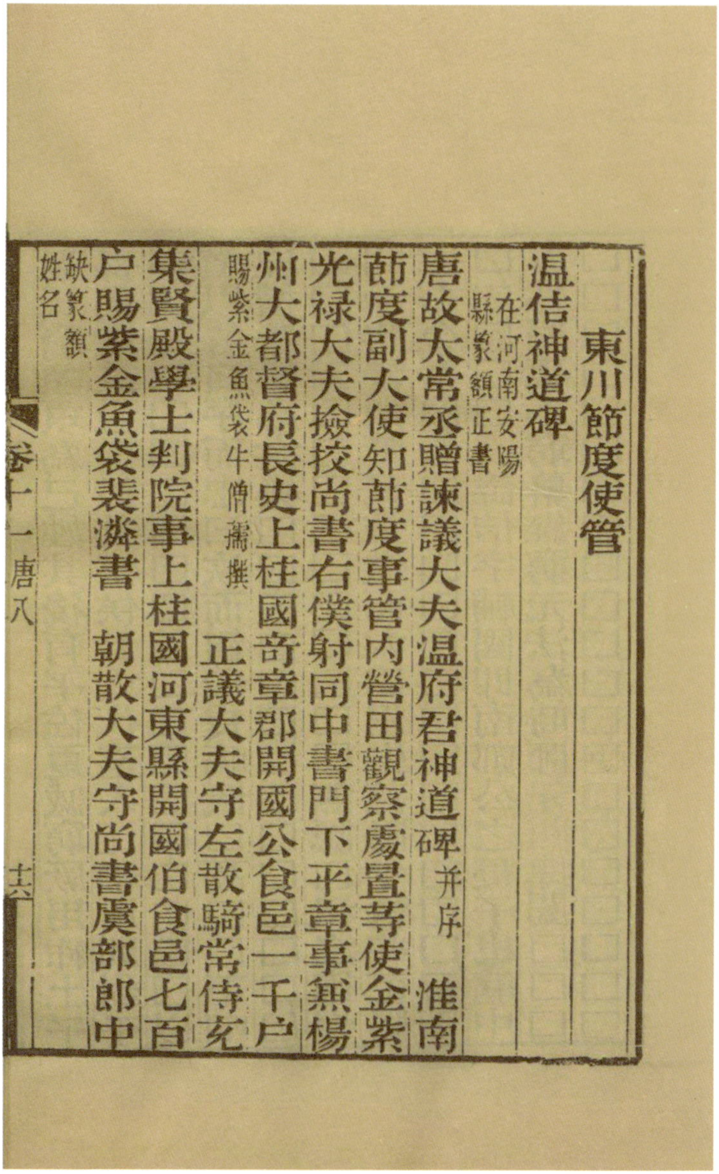
東川節度使管
温佶神道碑在河南安陽縣篆額正書
唐故太常丞贈諫議大夫温府君神道碑并序　淮南
莭度副大使知莭度事管内營田觀察處置等使金紫
光禄大夫撿挍尚書右僕射同中書門下平章事兼楊
州大都督府長史上柱國奇章郡開國公食邑一千户
賜紫金魚袋牛僧孺撰　正議大夫守左散騎常侍充
集賢殿學士判院事上柱國河東縣開國伯食邑七百
户賜紫金魚袋裴潾書　朝散大夫守尚書虞部郎中
缺篆額姓名
卷十一　唐八　十六

國家圖書舘藏《金石續編》載【温佶神道碑】

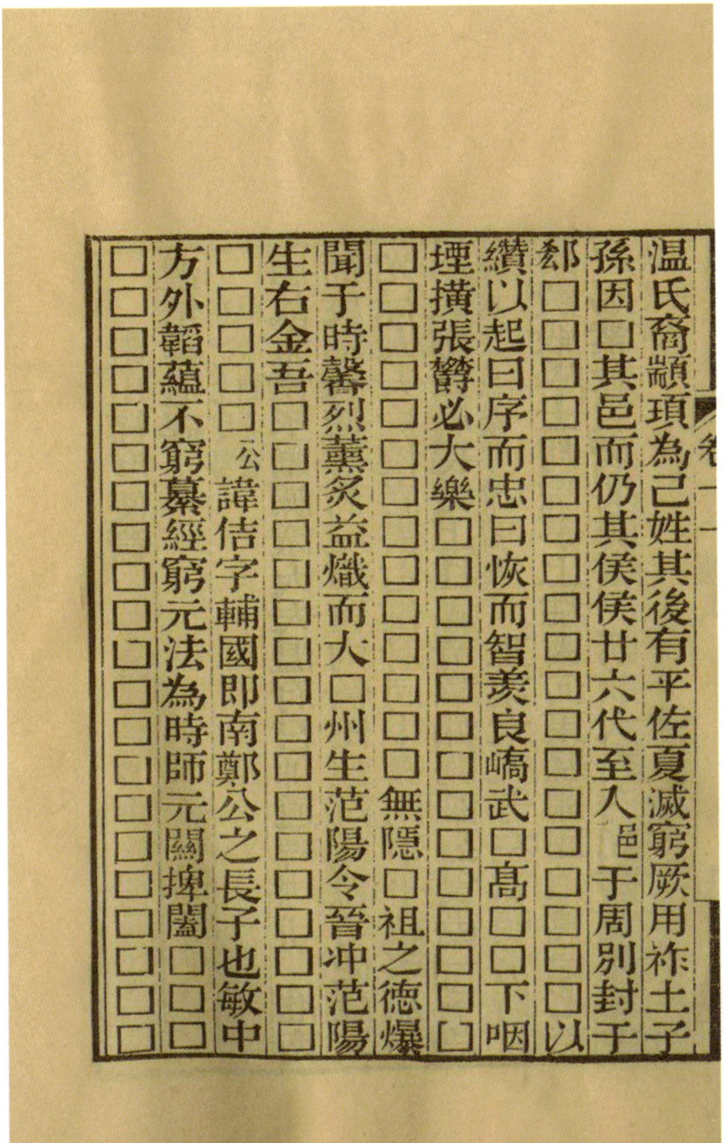
温氏裔顓頊為己姓其後有平佐夏滅窮厥用祚土子
孫因□其邑而仍其侯侯廿六代至入邑于周别封于
郄□□□□□□□□□□□□□□□□□□□以
纘以起曰序而忠曰恢而智羨良嶠武□高□□下咽
堙擴張彎必大樂□□□□□□□□□□□□□□
□□□□□□□□□□□□□□無隱□祖之德爆
聞于時馨烈薰炙益熾而大□州生范陽令晉冲范陽
生右金吾□□□□□□□□□□□□□□□□□
□□□□□公諱佶字輔國即南鄭公之長子也敏中
方外韜蘊不窮纂經窮元法為時師元闕捭闔□□□
□□□□□□□□□□□□□□□□□□□□□

國家圖書館藏《金石續編》載【温佶神道碑】

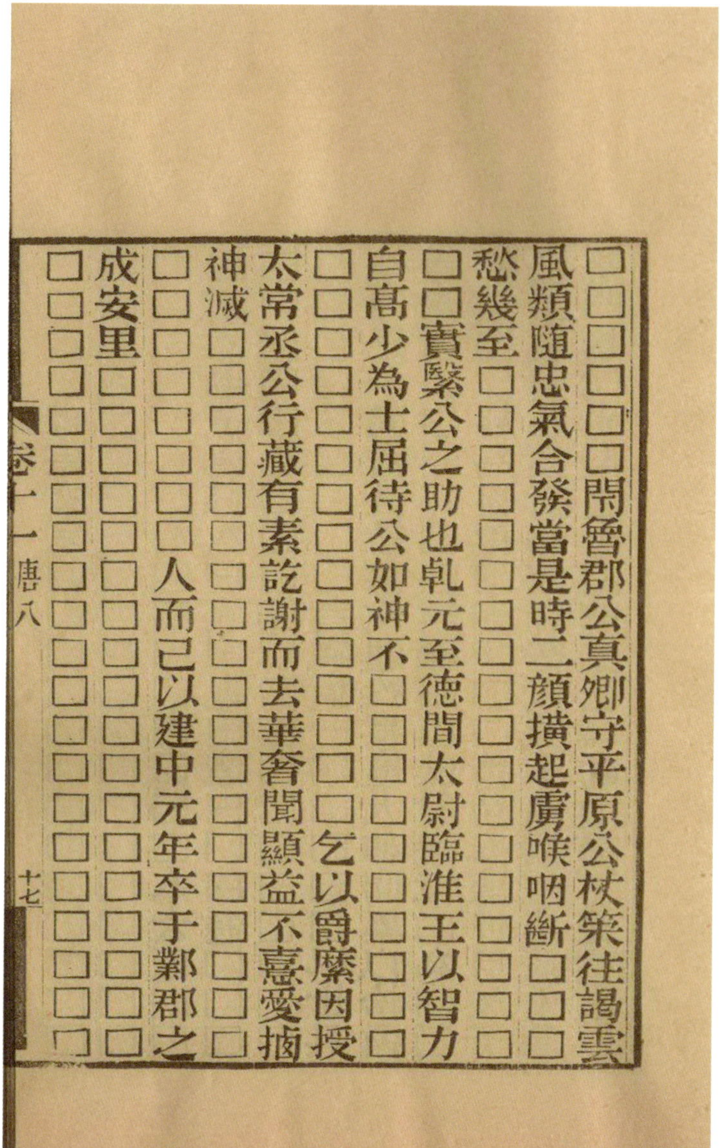
□□□□□□閒會郡公真卿守平原公杖策往謁雲
風類隨忠氣合發當是時二顏攅起虜喉咽斷□□
愁幾至□□□□□□□□□□□□□□□□□□
□□實繫公之助也乾元至德間太尉臨淮王以智力
自高少為士屈待公如神不□□□□□□□□□
□□□□□□□□□□□□□□乞以爵縻因授
太常丞公行藏有素訖謝而去華奢聞顯益不憙愛摘
神滅□□□□□□□□□□□□□□□□□□□
□□□□□□□□人而已以建中元年卒于鄚郡之
成安里□□□□□□□□□□□□□□□□□□
□□□□□□□□□□□□□□□□□□□□□
卷十一 唐八 十七

國家圖書舘藏《金石續編》載【温佶神道碑】

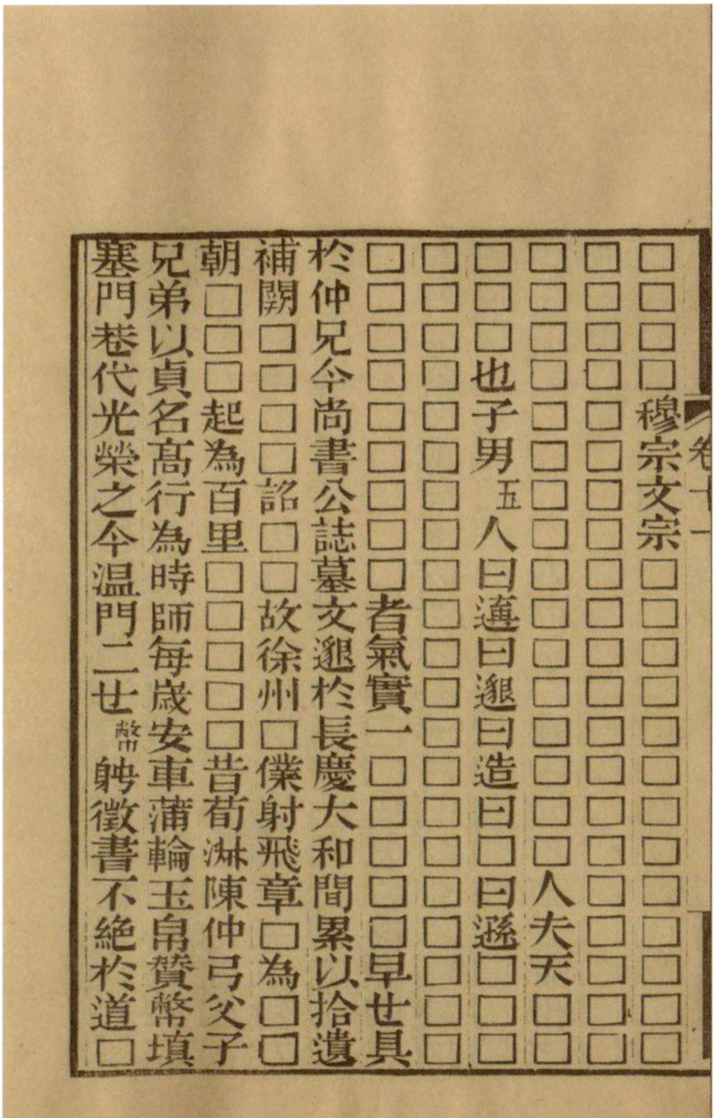

卷廿一

□□□穆宗文宗□□□□□□□□□□□□□
□□□□□□□□□□□□□□□□□□□□
□□□□□□□□□□□□□□□人夫天□□
□□□也子男五八曰遒曰邈曰造曰□曰遜□□□
□□□□□□□□□□□□□□□□□□□□
□□□□□□□□□者氣實一□□□□早世具
於仲兄令尚書公誌墓文邈於長慶大和間累以拾遺
補闕□□□詔□□故徐州□僕射飛章□為□□
朝□□□起為百里□□□□昔荀淋陳仲弓父子
兄弟以貞名高行為時師每歲安車蒲輪玉帛賁幣填
塞門巷代光榮之令温門二世幣軿徵書不絕於道□

國家圖書館藏《金石續編》載【温佶神道碑】

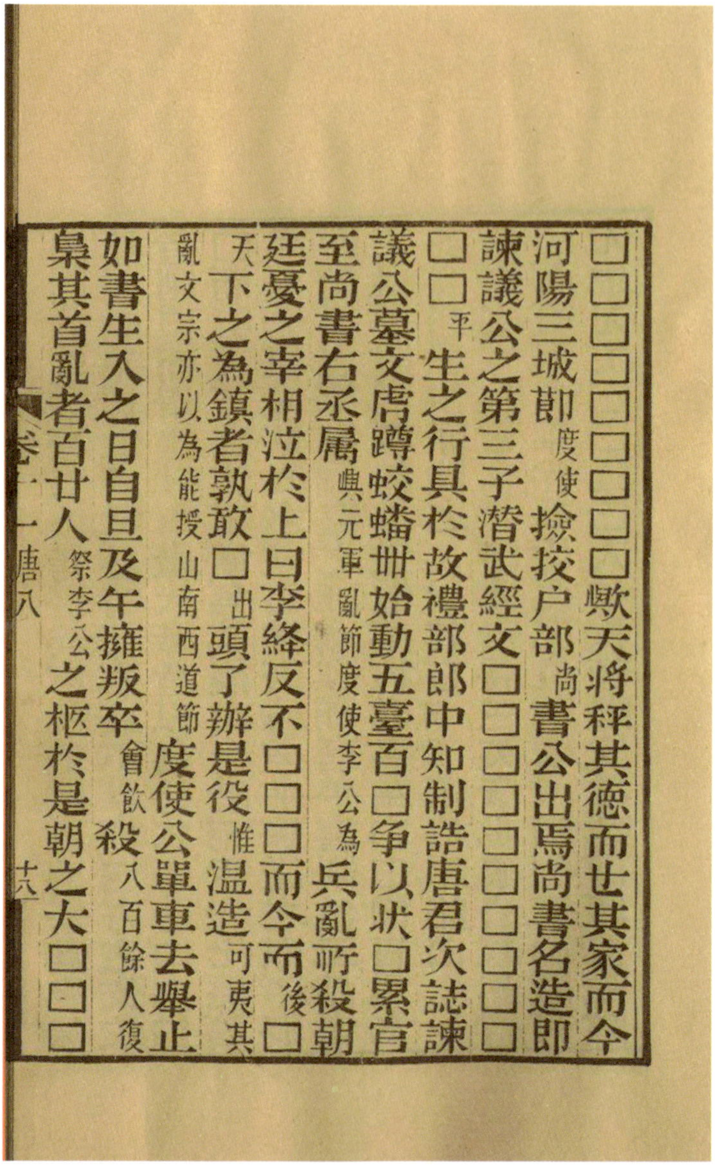
□□□□□□□□□歟天將秤其德而廿其家而令
河陽三城節度使撿校戶部尚書公出焉尚書名造郎
諫議公之第三子潛武經文□□□□□□□□□□
□□平生之行具於故禮部郎中知制誥唐君次誌諫
議公墓文虎蹲蛟蟠卅始動五臺百□爭以狀□累官
至尚書右丞屬興元軍亂節度使李公為兵亂所殺朝
廷憂之宰相泣於上曰李絳反不□□□而令而後□
天下之為鎮者孰敢□出頭了辨是役惟溫造可夷其
亂文宗亦以為能授山南西道節度使公單車去舉止
如書生入之日自旦及午擁叛卒會飲殺八百餘人復
梟其首亂者百廿人祭李公之柩於是朝之大□□□
卷十一 唐八 十八

國家圖書館藏《金石續編》載【温佶神道碑】

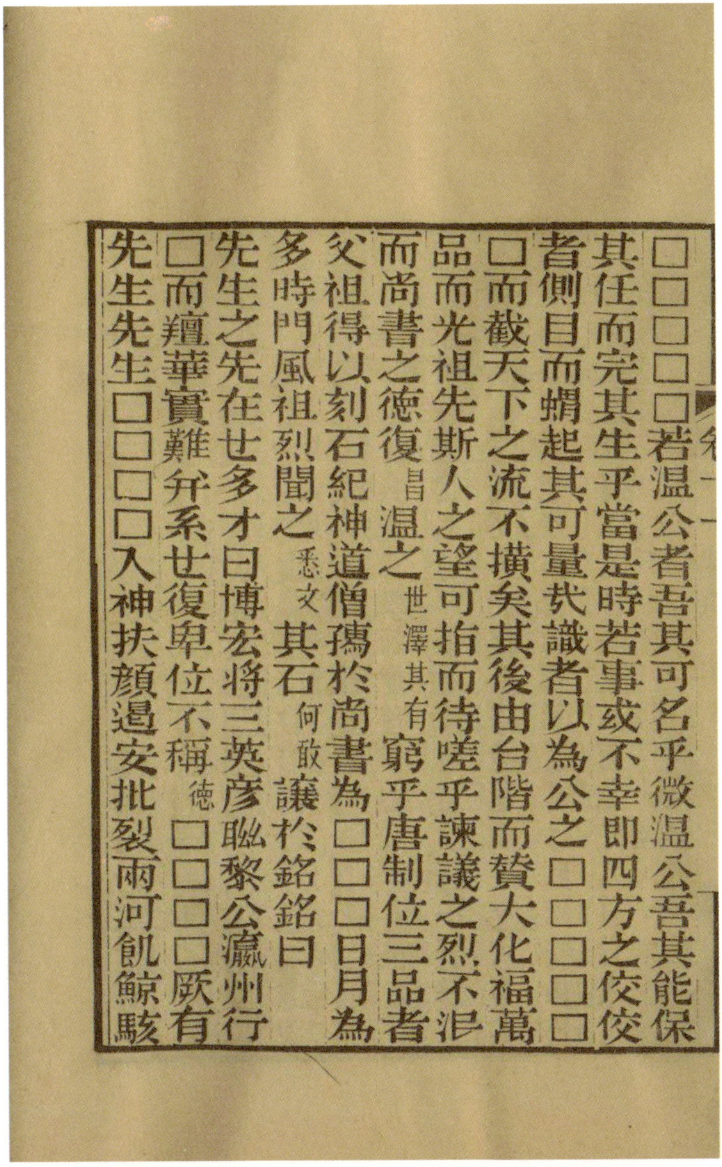

□□□□□若温公者吾其可名乎微温公吾其能保
其任而完其生乎當是時若事或不幸即四方之佼佼
者側目而蝟起其可量哉識者以為公之□□□□□
□而截天下之流不擴矣其後由台階而贊大化福萬
品而光祖先斯人之望可指而待嗟乎諫議之烈不泯
而尚書之德復昌温之世澤其有窮乎唐制位三品者
父祖得以刻石紀神道僧孺於尚書為□□□日月為
多時門風祖烈聞之悉文其石何敢讓於銘銘曰
先生之先在廿多才曰博宏將三英彥聯黎公瀛州行
□而韡華實難弁系廿復卑位不稱德□□□□厥有
先生先生□□□□入神扶顏遏安批裂兩河飢鯨駭

國家圖書館藏《金石續編》載【温佶神道碑】

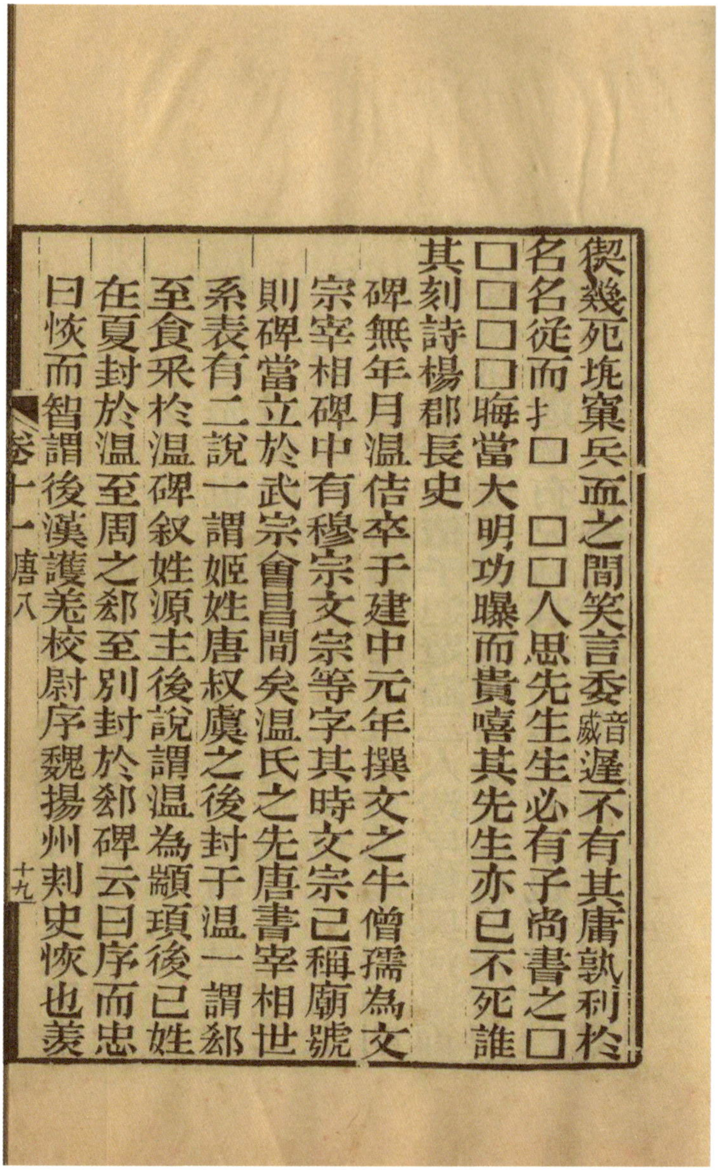
禦幾死坑窠兵亟之間笑言委蝛音遲不有其庸孰利於
名名從而扌□　□□入思先生生必有子尚書之□
□□□□晦當大明功曝而貴嘻其先生亦已不死誰
其刻詩楊郡長史
碑無年月温佶卒于建中元年撰文之牛僧孺為文
宗宰相碑中有穆宗文宗等字其時文宗已稱廟號
則碑當立於武宗會昌間矣温氏之先唐書宰相世
系表有二説一謂姬姓唐叔虞之後封于温一謂郄
至食采於温碑叙姓源主後説謂温為顓頊後已姓
在夏封於温至周之郄至別封於郄碑云曰序而忠
曰恢而智謂後漢護羌校尉序魏揚州刺史恢也羨
卷十一　唐八　十九

國家圖書舘藏《金石續編》載【温佶神道碑】

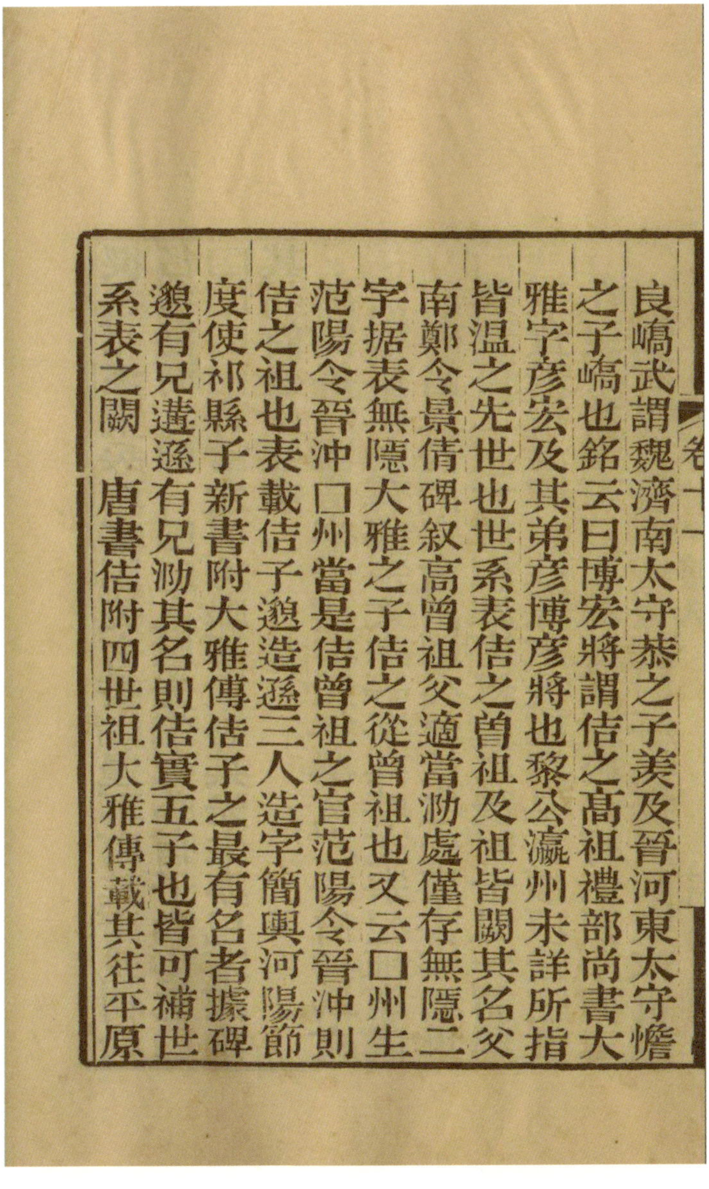
良嶠武謂魏濟南太守恭之子羨及晉河東太守憺
之子嶠也銘云曰博宏將謂佶之高祖禮部尚書大
雅字彥宏及其弟彥博彥將也黎公瀛州未詳所指
皆温之先世也世系表佶之曾祖及祖皆闕其名父
南鄭令景倩碑叙高曾祖父適當泐處僅存無隱二
字据表無隱大雅之子佶之從曾祖也又云口州生
范陽令晉沖口州當是佶曾祖之官范陽令晉沖則
佶之祖也表載佶子邈造遜三人造字簡與河陽節
度使祁縣子新書附大雅傳佶子之最有名者據碑
邈有兄遣遜有兄泐其名則佶實五子也皆可補世
系表之闕　唐書佶附四世祖大雅傳載其往平原

國家圖書館藏《金石續編》載【温佶神道碑】

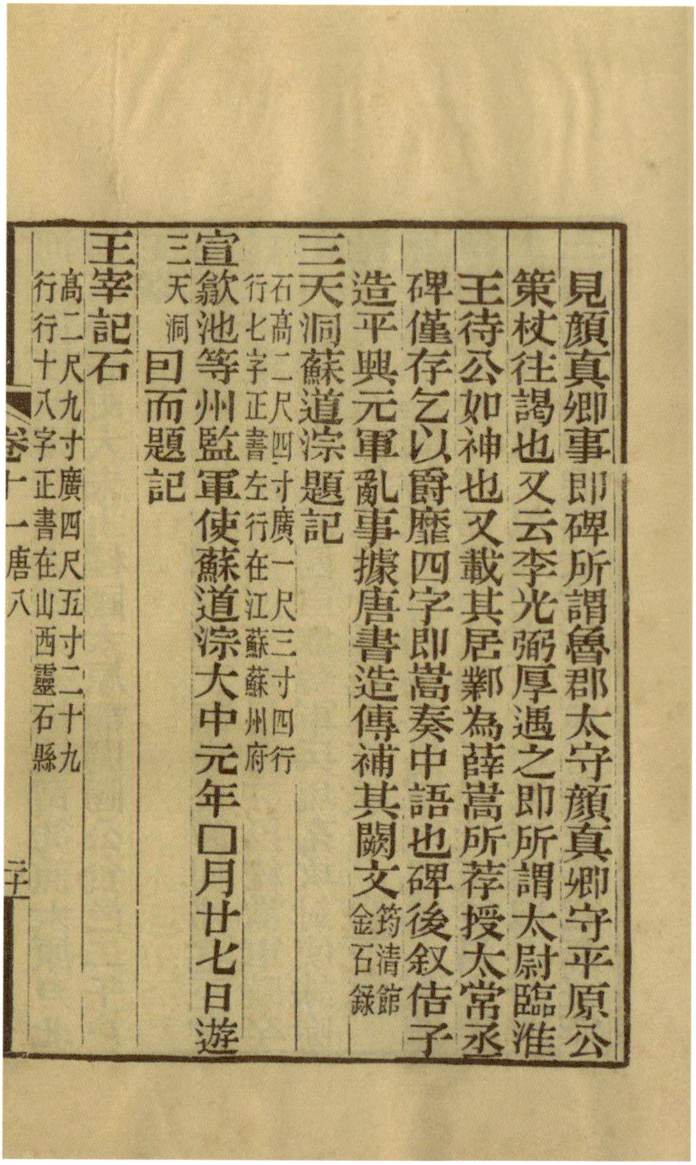
見顏真卿事即碑所謂魯郡太守顏真卿守平原公策杖往謁也又云李光弼厚遇之即所謂太尉臨淮王待公如神也又載其居鄴為薛嵩所荐授太常丞碑僅存乞以爵靡四字即嵩奏中語也碑後叙佶子造平興元軍亂事據唐書造傳補其闕文筠清館金石錄

三天洞蘇道淙題記

石高二尺四寸廣一尺三寸四行行七字正書左行在江蘇蘇州府

宣歙池等州監軍使蘇道淙大中元年□月廿七日遊三天洞回而題記

王宰記石

高二尺九寸廣四尺五寸二十九行行十八字正書在山西靈石縣

卷十一 唐八

國家圖書舘藏《金石續編》載【温佶神道碑】

【唐故太常丞贈諫議大夫温府君神道碑】碑文

篆額：唐故太常丞贈諫議大夫温府君神道碑

唐故太常丞贈諫議大夫温府君神道碑并序

淮南節度副大使、知節度事管内營田觀察處置等使、金紫光禄大夫、檢校尚書右僕射同中書門下平章事兼揚州大都督府長史上柱國奇章郡開國公食邑一千户賜紫金魚袋牛僧孺撰。

正議大夫守左散騎常侍充集賢殿學士判院事、

上柱國河東縣開國伯食邑七百户賜紫金魚袋裴潾書。

朝散大夫守尚書虞部郎中……。

温氏裔顓頊，爲己姓。其後有平，佐夏滅窮，厥用祚土，子孫因□其邑，而仍其侯。侯廿六代至乂，□于周，別封于郄□□□□□□□□□□□□□□□□□□□。以纘以起，曰序而忠，曰恢而智，羡良嶠義□高□□下咽堙横張鬱必大集□□□□□□□□□□□□□□□□□□□□□□□□□□□無隱，二祖之德爆聞于時，馨烈薰炙，益熾而大。□州生范陽令晋冲，范陽生右金吾□□□□□□□□□□□□□□□□□□□□□□□□□□。佶，字輔國，□即南鄭公之長子也。敏中方外，韜蘊不露，纂經窮元，法爲時師，元關捭闔□□□□□而歸□□□□□□□□□□□□□□□□□□不閉。魯郡公真卿守平原，公杖策往謁，雲風類隨，忠氣合發。

當是時，二顔横起，虜喉咽受逼□□愁幾至□□□□□□□□□□□□□□□□□□實緊公之助也。乾元，至德間，太尉臨淮王以智力自高，少爲士屈，待□□如禮，不□□□□□□□□□□□□□□□□□□□□□□□□乞以爵縻，因授太常丞。公行藏有素，訖謝而去，華奢聞顯，益不喜愛，拪神滅□□□□□□□□□□□□□□□□□□□□□□一人而已。

以建中元年卒於鄴□之成安里。第穆宗、文宗朝，累□子貴，贈諫議□□□也。子男□人，曰遘、曰邈、曰造、曰遜、曰□□□□□□□□□□□□□□□□□□□□□□□□□□□□□者氣實一□□□□□世，具於仲兄今尚書公誌墓文。遡於長慶、大和間，累以給□□□□□不□□□□□□故徐州王僕射飛章交薦，朝廷□□起爲百里□□□□□昔荀淑、陳仲弓父子兄弟，以貞名高行爲時師，每歲安車蒲輪，玉帛贄幣，填塞門巷，代光榮之。今温門二世交聘，微言不絕於，□□□荀陳之□□□其是歟！

天將秤其德而世其家，而今河陽三城節□使檢校户部尚書公出焉。尚書名造，即諫議公之第三子。潛武緯□，□器□□□□□□□□□□先生之行，具於故禮部郎中知制誥唐君次誌諫議公墓文。虎蹲蛟蟠，卌始動，三臺百□，爭以狀乞，累官至尚書右丞。屬興元□□□□□□□□□亂所殺，朝廷憂之。宰相泣於上曰：“李絳死不□□，而今而□□，下爲鎮者，孰敢主其□。了辯是役，唯温造耳上”。□□□□□授□□□度使。公單車去，舉止如書生，入之日，自旦及午，擁叛卒於外，悉殺之□□□下梟其首亂者□□之祭李侯之柩。於是朝之大臣□□□□□□□若温公者，吾其可名乎？微温公，吾其能保其任而完其生乎？當是時，若事或不幸，即四方之佼佼者，傾耳而蜎起，其可量哉！識者以爲公之功□□□□□而截天下之流不横矣。其後由臺階而贊大化，福萬品而光祖先，斯入之望，可指而待。嗟乎！諫議之烈不泯，而尚書之德復□，温之□□□□窮乎？

唐制，位三品者，父祖得以刻石紀神道。僧孺於尚書爲□□□日月爲多時，門風祖烈，聞□詳矣，□其石□□讓於仁。銘曰：先生之先，在世多才。曰博宏將，三英彦聯。黎公瀛州行□而羶華，實難并倸，世復卑位，不稱□□□□□□厥有先生，先生□□，危行□□□□入神。扶顔遏安，批裂兩河。

飢鯨駭猰，幾死栴窠。兵血之間，笑言委遲。不有其庸，孰利於名。名從而□□□□□□思，生必有子，尚書之□□□□□晦當大明，功曝而貴。嘻其先生，亦已不死。誰其刻詩？揚郡長史。

碑無年月，温佶卒於建中元年，撰文之牛僧孺，爲文宗宰相，碑中有穆宗、文宗等字，其時文宗已稱廟號，則碑當立於武宗會昌間矣。

温氏之先，唐書宰相世係表有二説：一謂姬姓，唐叔虞之後封於温。一謂郤至食采於温。碑敘姓源主後説：謂温爲顓頊後，己姓，在夏封於温，至周之郄至别封於郄。

碑云：曰序而忠，曰恢而智，謂後漢羌校尉序，魏揚州刺史恢也，羨、良、嶠、武謂魏濟南太守恭之子，羡及晋河東太子，守憺之子嶠也。

銘云：曰博、宏、將謂佶之高祖，禮部尚書大雅，字彥宏及其弟彥博、彥將也，黎公瀛州未詳，所指皆温之先世也，世係表佶之曾祖及祖皆闕，其名父南鄭令景倩碑叙，高曾祖父適當泐處，僅存無隱二字，

據表：無隱大雅之子，佶之從曾祖也。又云：口州生范陽令晋冲，口州當是佶曾祖之官，范陽令晋冲則佶之祖也，表載：佶子邈、造、遜三人，造字簡輿，河陽節度使，祁縣子新書附大雅傳佶子之最，有名者。據碑：邈有兄遘、遜，有兄泐其名，則佶實五子也，皆可補世係表之闕。唐書佶附四世祖大雅，傳載：其往平原見顔真卿事，即碑所謂魯郡太守顔真卿守平原公策杖往謁也，又云：李光弼厚遇之，即所謂太尉臨淮王待公如神也。又載：其居鄴爲薛嵩所薦，授太常丞，碑僅存乞以爵靡四字，即嵩奏

中語也，碑後叙佶子造，平興元軍亂事，據唐書造傳補其闕文。筠清館金石録。

【唐故徵君左補闕温先生墓誌銘】墓誌蓋拓片

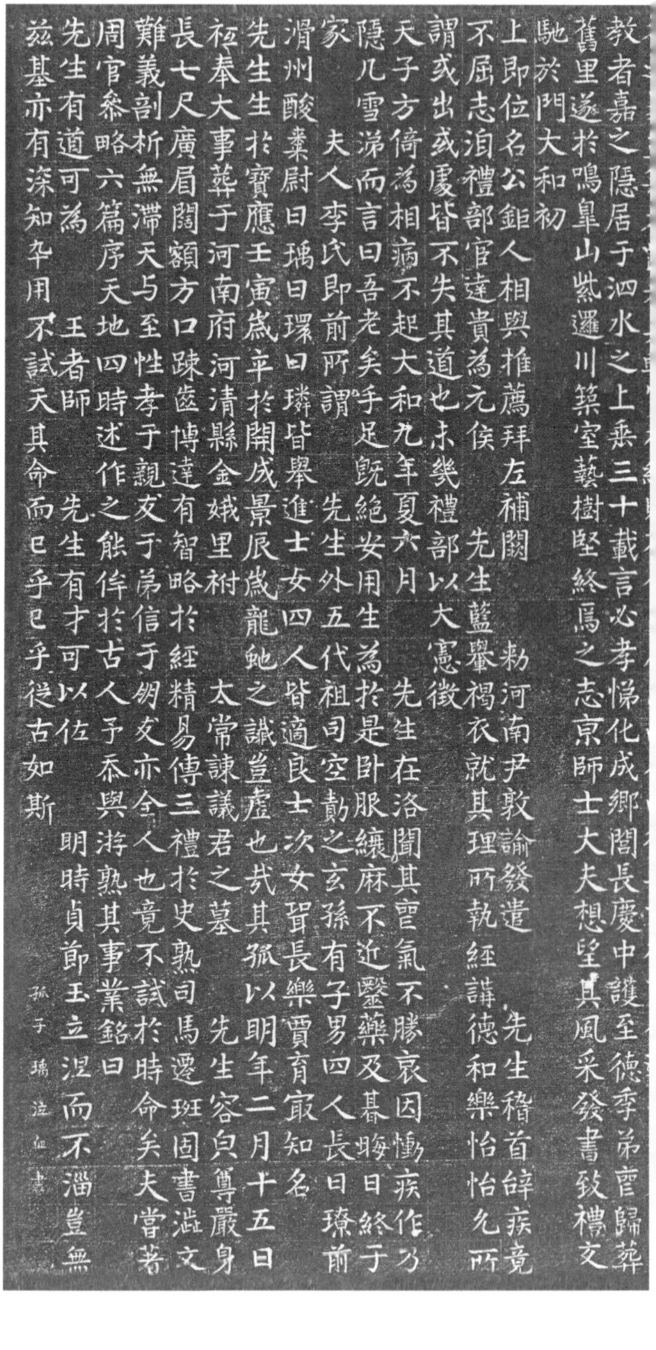
教者嘉之隱居于泗水之上垂三十載言必孝悌化成鄉閭長慶中護至德季弟喪歸葬
舊里遂於鳴皐山紫邏川築室藝樹堅終焉之志京師士大夫想望其風采發書致禮交
馳於門大和初
上即位名公鉅人相與推薦拜左補闕 勅河南尹敦諭發遣 先生稽首辭疾竟
不屈志洎禮部官達貴為元侯 先生藍轝褐衣就其理所執經講德和樂怡怡允所
謂或出或處皆不失其道也未幾禮部以大憲徵
天子方倚為相痾不起大和九年夏六月 先生在洛聞其喪氣不勝哀因慟疾作乃
隱几雪涕而言曰吾老矣手足既絕安用生為於是卧服纏麻不近醫藥及暮晦日終于
家 夫人李氏即前所謂 先生外五代祖司空勳之玄孫有子男四人長曰璙前
滑州酸棗尉曰瑀曰環曰璘皆舉進士女四人皆適良士次女胥長樂賈育寂知名
先生生於寶應壬寅歲卒於開成景辰歲龍蛇之讖豈虛也哉其孤以明年二月十五日
祔奉大事葬于河南府河清縣金娥里祔 太常諫議君之墓 先生容皃尊嚴身
長七尺廣眉闊額方口踈齒博達有智略於經精易傳三禮於史熟司馬遷班固書滋文
難義剖析無滯天与至性孝于親友于弟信于朋友亦全人也竟不試於時命矣夫嘗著
周官參略六篇序天地四時述作之能侔於古人予忝與游熟其事業銘曰
先生有道可為 王者師 先生有才可以佐 明時貞節玉立涅而不淄豈無
茲基亦有深知卒用不試天其命而已乎已乎從古如斯 孫子瑀泣血書

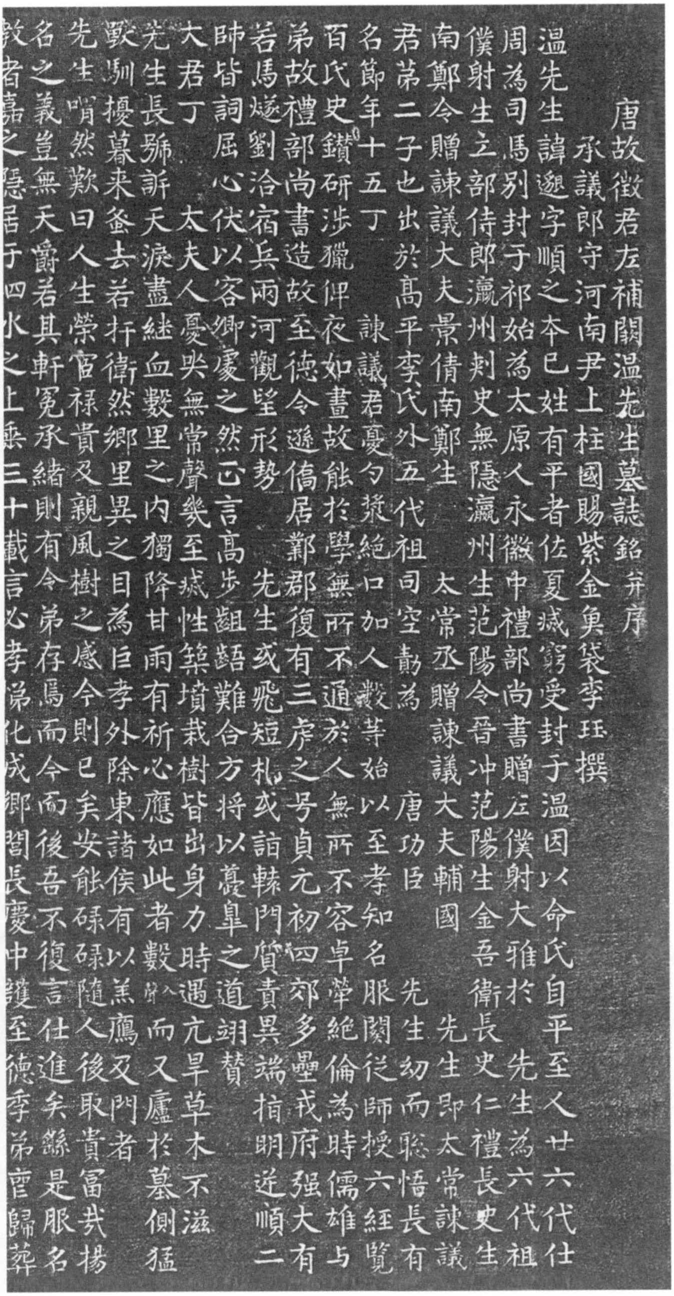

唐故徵君左補闕温先生墓誌銘并序

承議郎守河南尹上柱國賜紫金魚袋李珏撰

温先生諱邈字順之本巳姓有平者佐夏减窮受封于温因以命氏自平至人廿六代仕周為司馬别封于祁始為太原人永徵中禮部尚書贈左僕射大雅於先生為六代祖僕射生立部侍郎瀛州刺史無隱瀛州生范陽令晉冲范陽生金吾衛長史仁禮長史生南鄭令贈諫議大夫景倩南鄭生太常丞贈諫議大夫輔國 先生即太常諫議君第二子也出於高平李氏外五代祖司空勣為唐功臣 先生幼而聡悟長有名節年十五丁 諫議君憂勺漿絶口加人數等始以至孝知名服闋從師授六經覽百氏史鑽研涉獵俾夜如晝故能於學無所不通於人無所不容卓犖絶倫為時儒雄与弟故禮部尚書造故至德令遜僑居 鄭郡復有三虎之号貞元初四郊多壘戎府强大有若馬燧劉洽宿兵兩河覬望形勢 先生或飛短札或詣轅門質責異端指明逆順二帥皆詞屈心伏以客卿處之然己言高步齟齬難合方将以蕘皐之道翊賛大君丁 太夫人憂哭無常聲幾至滅性築墳栽樹皆出身力時遇亢旱草木不滋 先生長號訴天淚盡継血數里之内獨降甘雨有祈必應如此者數四而又廬於墓側猛獸馴擾慕来蚤去若扞衛然鄉里異之目為巨孝外除東諸侯有以羔鴈及門者 先生喟然歎曰人生榮官禄貴及親風樹之感今則已矣安能碌碌隨人後取貴富共揚名之義豈無天爵若其軒冕承緒則有令弟存焉而今而後吾不復言仕進矣繇是服名教者嘉之隱居于四水之上垂三十載言必孝弟化成鄉閭長慶中護至德季弟喪歸葬

【唐故徵君左補闕温先生墓誌銘】拓片

【唐故徵君左補闕温先生墓誌銘】銘文

唐故徵君左補闕温先生墓誌銘并序

承議郎守河南尹上柱國賜紫金魚袋李珏撰

温先生諱邈字順之本己姓有平者佐夏滅窮受封于温因以命氏自平至乂廿六代仕周爲司馬别封于祁始爲太原人永徽中禮部尚書贈左僕射大雅於先生爲六代祖僕射生工部侍郎瀛州刺史無隱瀛州生范陽令晋冲范陽生金吾衛長史仁禮長史生南鄭令贈諫議大

夫景倩南鄭生

太常丞贈諫議大夫輔國

先生即太常諫議君第二子出於高平李氏外五代

祖司空勣爲

唐功臣

先生幼而聰悟長有名節年十五丁

諫議君憂勺漿絶口加人數等始以至孝知名服闋

從師授六經覽百氏史鑽研涉獵俾夜如晝故能於學無

所不能於人無所不容卓犖絶倫爲時儒雄与弟故禮部

尚書造故至德令遜僑居鄴郡復有三虎之号貞無初四

郊多壘戎府强大有若馬燧劉洽宿兵兩河觀望形勢

先生或飛短札或詣轅門質責異端指明逆順二師

皆詞屈心伏以容卿處之然正言高步齟齬難合方將以

夔皋之道翊贊

大君丁

太夫人憂哭無常場幾至滅性築墳栽樹皆出身力時遇亢旱草木不滋先生長號訴天淚盡斷血數里之内獨降甘雨有祈必應如此者數（入聲）而又廬於墓側猛獸馴擾暮來蚊去若扞衛然鄉里異之目爲巨孝外除東諸侯有以羔鷹及門者

先生喟然歎曰人生榮宦禄貴及親風樹之感今則已矣安能碌碌隨人後取貴富哉揚名之義豈無天爵若其軒冕承緒則有令弟存焉而今而後吾不復言仕進矣繇是服名教者嘉之隱居於泗水之上垂三十載言必孝悌化成鄉閭長慶中護至德季弟喪歸葬舊里遂於鳴皋山紫邏川築室藝樹堅終焉之誌京師士大夫想望其風采發書致社交馳於門大和初

上即位名公鉅人相與推薦拜左輔闕

敕河南尹敦諭發遣

先生稽首辭疾竟不屈誌洎禮部宦達貴爲元侯

先生藍輿褐衣就其理所執經講德和樂怡怡允所謂或出或處皆不失其道也未幾禮部以大憲徵

天子方倚爲相病不起大和九年夏六月

先生在洛聞其喪氣不勝哀因慟疾作乃隱几雪涕而言曰吾老矣手足既絶安用生爲於是卧服縗麻不近醫藥及期晦日終于家

夫人李氏即前所謂

先生外五代祖司空勣之玄孫有子男四人長曰璙前滑州酸棗尉曰瑀曰環曰璘皆舉進士女四人皆適良士次女婿長樂賈育最知名

先生生於寶應壬寅歲平於開成景辰歲龍蛇之讖豈虚也哉其孤以明年二月十五日祗奉大事葬于河南府河清縣金娥里村

太常謚議君之墓

先生容貌尊嚴身長七尺廣眉闊額方口踈齒博達

有智略於經精易傳三禮於史熟司馬遷班固書澀文難義剖析無滯天与至性孝于親友于弟信於朋友亦全人也竟不試於時命矣夫當著周官參略六篇序天地四時述作之能侔於古人予忝輿游熟其事業銘曰

先生有道可爲

王者師

先生有才可以佐

明時貞節玉立汨而且不淄豈無玆基亦有深知幸用不試天其命而巳乎巳乎從古如斯

孤子瑀泣血書

中華百家姓氏源流（温氏）研討會紀要

由中華伏羲文化研究會華夏姓氏源流研究中心主辦的“中華百家姓氏源流（温氏）研討會”在江西省上饒市隆重召開。中國科學院、山西省社科院、河南省社科院、陝西省歷史博物館、湖南省社科院、河南省濟源市文物局、江西人民出版社、《中華姓氏》雜誌社等來自全國各地的專家、學者和温姓代表七十餘人出席了會議。

會議主要就【唐故太常丞贈諫議大夫温（佶）府君神道碑】和【唐故徵君左補闕温（邈）先生墓誌銘】和有關温氏源流的資料及其文獻，做了專題研究和認真討論，大家意見一致，認定相同，并做出了如下研討結論：

一、温姓是中華姓氏中的一個著名姓氏，至兩千零六年底，有人口約二百零五萬，占全國人口的百分之零點一六，在當今姓氏統計中排名第一百零四位。温氏在中華民族的起源與發展進程中，和其他姓氏一道，發揮了重要作用。

二、充分認定了【唐故太常丞贈諫議大夫温（佶）府君神道碑】和【唐故徵君左補闕温（邈）先生墓誌銘】記載的史實準確可靠。温氏爲顓頊高陽氏後裔，得姓於夏代前期，始祖名平，因助夏滅有窮氏有功，受封於温（今河南温縣），建立温國，以國爲姓，創姓祖先爲温平。

三、周朝初年，温平的第二十六代孫温乂被別封到郄地。西漢初年，温疥之孫温何遷至太原郡祁縣，後繼者人才輩出，形成望族，温序、温恢、温羡、温嶠直至唐初温氏“三彦（温彦宏、温彦博、温彦將）”，均是其後裔。因而太原堂温氏是由温平後裔形成的。

四、除夏代温平受封於温而有温氏外，關於温姓的由來，尚有温姓源於蘇子説，温姓源於唐叔虞説，以及劉氏改姓温等多種説法。這些都屬於温姓氏族的支派，可爲先祖，絶非始祖。但是，温氏均爲黄帝之後，祖地爲温縣，堂號爲太原堂是一致公認、不容質疑和没有爭議的。至於温姓氏族中的其他問題還有待於進一步研究。

五、建議當地政府和有關部門以及有識之士，積極努力，儘早爲【唐故太常丞贈諫議大夫温（佶）

府君神道碑】現存地增設碑亭，使這一重要文化遺產得以認真保護與傳承。

此次會議是一次里程碑式的重要會議，是當代中國姓氏源流研究方面最權威機構的會議，是祇針對一個姓氏的高端專題研討會議。會議徹底解決了在温氏源流史研究中的困惑，澄清了温姓起源的歷史和混雜。使温姓氏族以黄帝的子孫和四千多年的悠久歷史，爲榮耀和自豪。

中華百家姓氏源流（温氏）研討會 會務組

2008 年 4 月 20 日

〔附〕：

中华百家姓氏源流（温氏）研讨会专家签名录

序号	姓　名	工作单位	职务（职称）	签　名
1	袁义达	华夏姓氏源流研究中心	主任	
		中国科学院遗传研究所	研究员	
2	张新斌	华夏姓氏源流研究中心	副主任	
		河南省社会科学院历史与考古研究所	所长、研究员	
3	马世之	河南省社会科学院	研究员	
4	何光岳	湖南省社会科学院	研究员	
5	杨东晨	陕西历史博物馆	研究员	
6	马志超	山西省社会科学院	研究员	

〔專家簡介〕

馬世之，1937年生，河南温縣人，河南省社會科學院研究員，河南省文史研究館館員。黄河文化研究會副會長、河南省炎黄文化研究會副會長、河南省傳統文化促進會副會長、河南省中原聖賢研究會副會長，國務院政府特殊津貼專家。

何光岳，1939 年生，湖南岳陽人，中華民族史專家，湖南省社會科學院研究員。湖南省炎黄研究會會長、中國伏義文化研究會副會長、中國漢民族研究會副會長。1986 年獲“國家級有突出貢獻的專家”稱號，享受國務院政府特殊津貼。

楊東晨，1941 年生，河南孟津人，陝西歷史博物館研究員。陝西省文史研究館研究員、中華伏義文化研究會副會長、中國舜文化研究會副會長。中國先秦史、秦漢史學會會員，中國民族學會漢民族研究會常務理事，陝西漢唐文化藝術研究院顧問。

袁義達，1947 生，浙江奉化人。畢業於北京大學，華夏姓氏源流研究中心主任。中國科學院醫學和群體遺傳學研究室副主任，遺傳發育所研究組和創新前沿項目負責人，中華伏義文化研究會副會長，中國人類學民族學研究會常務理事，華夏姓氏源流研究中心主任研究員，長期從事姓氏群體遺傳學的研究。

張新斌，1960 年生於河南新鄉市，畢業於鄭州大學歷史係考古專業，河南省社會科學院歷史與考古研究所所長、省河洛文化研究中心副主任、研究員。中國先秦史學會理事，中國太平洋學會黄河文化專業委員會秘書長，中華伏義文化研究會華夏姓氏源流研究中心副主任，中華姓氏文化研究中心特約研究員。河南省炎黄文化研究會副會長，省中原姓氏歷史文化研究會副會長，省科技史學會副理事長等。

馬志超，回族，山西大同人。1965 年 3 月生。山西大學歷史係中國古代碩士研究生，山西省社會科學院人文資源研究中心主任，研究員。山西省馬列主義研究所所長。研究方向：中國古代史，姓氏、家譜，山西歷史文化等。

温姓本原疏證

温彦國

歷史的問題，在於不斷發現真的過去，文化的證據莫過於原石刻的存留。事有不可盡究，物有不可臆言，前人之所疑，後人之所稽也。

温姓的由來，就在河南省濟源市坡頭鄉左山村發現的，【唐故太常丞贈諫議大夫温府君神道碑】和【唐故徵君左補闕温先生墓誌銘】兩通碑石的銘文實録與現有文獻和史料的印證中，衝破了歷史的隔閡和時空的限制，得以始知本原。這兩塊碑石的發現和保留，意義重大，價值非凡，不僅補充了過去史料的缺失，而且還糾正了現存文獻中的種種誤記和謬錯，爲温姓氏族出自黄帝後裔，提供了真正可信的實物證據。

實證

一、【唐故太常丞贈諫議大夫温府君神道碑】

【唐故太常丞贈諫議大夫温府君神道碑】，是大和七年，名臣禮部尚書温造，爲紀念其父親温佶的功德而立。碑高四點七三米，碑寬一點二六米，碑厚零點三八米，六螭碑首，巨形龜趺碑座，蔚爲壯觀。由當朝宰相牛僧孺[1]撰文，户部尚書裴潾[2]書丹，全文楷書一千五百餘字，具有極高的史料價值和書法藝術價值，是研究歷史和姓氏源流的重要資料，現存河南省濟源市坡頭鄉左山村。

碑文史料早載《唐文拾遺》和《金石續編》，國家圖書館有藏。見文前圖録。

碑文曰："温氏裔顓頊，爲己姓，其後有平，佐夏滅窮，厥用祚土，子孫因□其邑，而仍其侯。侯廿六代至乂，邑於周，别封於郄……。以纘以起，曰序而忠，曰恢而智，羡良嶠義……。公諱信，字輔國，即南鄭公之長子也……。先生之先，在世多才，曰博宏將，三英彦聯……"。

碑文詳細記述了温姓是黄帝之孫顓頊帝的後裔，出自昆吾氏母傒的己姓，約在公元前二千年的夏代初期，他的後裔中有一個叫"平"的人，輔助夏王朝消滅了以寒浞爲首的叛亂氏族東夷族有窮氏（有窮氏是夏朝時期，居於山東半島的一個善射的部落），成就了夏帝少康的復國大業。這就是歷史上的“少康中興”。在少康消滅有窮氏寒浞的過程中，昆吾氏己姓的“平”功勞極大，少康把一個富庶之地封給了他，作爲夏王朝的方國，因被封的地方有温泉，故將這個國家稱爲温國（今河南省温縣一帶），“平”就以國爲姓，遂而姓名天下，從此開始有了温姓，温平就是最初受姓的温姓始祖。

其子孫至周初温平之後的第二十六代温乂，由温（河南省温縣）别封於郄（應爲今山西祁縣）任職司馬，到西漢温疥之孫温何時期，形成了宗族和望族，并湧現出了温序、温羨、温恢、温嶠等顯貴。唐初三彦（温彦宏、温彦博、温彦將）和温佶、温造等許多彪炳史册的名人輩出，特别是在温佶的生平事迹中，述及顏真卿爲平原太守，拒“安史之亂”叛軍之際，温佶從旁輔佐，出謀劃策，居功至偉。

還有温佶的第三子温造，平“興元軍亂”名震朝廷的事。

在温造任禮部尚書和河陽三城節度使時（大和七年）按“唐制位三品者，父祖得以刻石紀神道”的制度，爲其父親温佶刊立了這通碑刻，以彰顯門第和紀其德行。

二、【唐故徵君左補闕温先生墓誌銘】

【唐故徵君左補闕温先生墓誌銘】，上世纪的一千九百九十年八月，在河南省濟源市坡頭鄉左山村出土，現存河南省博物院。墓誌銘成正方形，長、寬均爲零點六六米，厚爲零點一二米，分墓誌和墓誌蓋兩部分，字迹清晰，保存完整。

墓主温邈，是温佶的兒子，温造的胞兄，由唐代宰相時任河南府尹的李珏撰文，温造的侄子，温邈的兒子温瑀書丹，全文楷書一千零二十三字。見《江漢考古》二千零一十四年第五期和文前圖録。

銘文曰：“温先生諱邈，字順之，本己姓，有平者，佐夏滅窮，受封於温，因以命氏，自平至乂廿六代，仕周爲司馬，别封於祁，始爲太原人。永徽中禮部尚書贈左僕射大雅，於先生爲六代祖，僕射生工部待郎瀛州刺史無隱，瀛州生范陽令晋冲，范陽生金吾衛長史仁禮，長史生南鄭令贈諫議大夫景倩，南鄭生太常丞贈諫議大夫輔國，先生即太常諫議君第二子，出於高平李氏，外五代祖司空勣爲唐功臣……”。

意思是：墓主温先生叫温邈，字順之，遠祖出於己姓母係，有一位叫“平”的人，幫助夏王朝消滅了叛亂的有窮氏族，因功勞顯赫，夏帝（少康）給他封了一個富麗的郡地，這個地方温泉豐沛，故以温命國，就國爲姓。

温平的第二十六代孫温乂，在周初時被封到山西太原郡的祁縣任司馬一職，從此，開始有了太原温氏。唐初永徽中時，禮部尚書温大雅（温彦宏），是温邈的六世祖，時任工部侍郎的瀛州刺史温無隱，是温大雅（温彦宏）的兒子，温無隱的兒子叫温晋冲，任范陽令，温晋冲的兒子叫温仁禮，任金吾衛長史，温仁禮的兒子叫温景倩，任南鄭令贈諫議大夫，温景倩的兒子叫温輔國（温佶，字輔國），温邈的母親是山西高平李氏，其五代祖是唐初大將李勣。

這塊墓誌銘，不僅清楚地印證了温佶碑的記述，更爲詳盡地説明："受封於温，因以命氏"。温姓起源於夏代的温國（今河南温縣），始祖是顓頊帝後裔昆吾氏的温平，山西太原堂的温氏望族都是温平的後裔。

由此可知：温姓氏族，始於夏代前期，始祖名“平”，因助夏滅有窮氏有功，受封於温（今河南温縣）建立了温國，并以國爲姓，延布於後。温平至二十六代孫温乂時，别封於外地（今山西祁縣。温佶碑説“封於郄”，温邈碑説“封於祁”，兩字形似音近，應屬於筆誤。）至西漢初，温平後裔温疥之孫温何，遷至太原祁縣，其後裔中名人輩出。有東漢精忠報國的温序，三國魏涼州刺史温恢，西晉司徒温羡，東晉安郡公温嶠，唐初温君攸一門三公的温彦宏（温大雅）、温彦博（温大臨）、温彦將（温大有）。這些人都是温平的後裔。温佶是温大雅（温彦宏）的五世孫，温邈是温大雅（温彦宏）的六世孫，因而温氏的主流郡望——太原堂温氏，是由夏代古温國的温平後裔遷於此地形成的。

以上兩通碑銘的確鑿文字，不僅對現存文獻等正史資料提供了重要的補充，更爲研究和瞭解温姓氏族起源和歷代的發展及傳承過程，提供了明確而重要的實物依據。充分説明了，温姓的起源地祇有一個，那就是（黄帝的孫子）顓頊帝昆吾氏後裔的古温國，即現在的河南省温縣。得姓時間早在約公元前二千年的夏代。

温姓的上古祖先是黄帝和顓頊帝，始姓祖先是温國的國君温平，距今已有四千多年的歷史。這與中國考古學會夏商考古專業委員會副主任鄭州大學歷史學院張國碩教授實地考察、考證和研究的結論是一致的。比唐叔虞之説推前了約一千年。

實物證據，推翻了錯記，糾正了謬誤，還原了真相，找回了本原。無可質疑的是，温姓後裔是直係正脉的黄帝子孫。

再就是夏代的起源和定都，包括夏帝的墳塋，都在河南省境内，尤其是濟源一帶，更是夏代中心的都城和温姓氏族源流的地域。據河南省考古部門考察探明，濟源市坡頭鄉左山村，有着宏偉的温氏家族墓地（尚未發掘），規模之大，等級之高，是歷史温氏在濟源的實證。

據清《濟源縣誌》云：“温佶墓，在左家山，《舊誌》以爲佶子造墓，今從墓表改正”。這説明唐禮部尚書温造的墓地也在此處。

故此，我們可以理出一條温姓氏族發祥的地域脉絡，温縣——祁縣——濟源——天津等，均是温姓氏族的郡望之地，才俊之鄉。

此乃，地靈人傑，以爲温氏後人的自豪和驕傲。

〔箋注〕：

[1]：牛僧孺（779—847），字思黯，安定鶉觚（今

甘肅靈臺)人，登進士第，歷唐德、順、憲、慕、敬、文、武、宣八朝皇帝，任兵部尚書、户部侍郎、節度使等，穆宗、文宗時爲宰相。好文學，著《玄怪録》十卷。

[2]：裴潾（？—838），河東聞喜（今山西聞喜）人，以門蔭入仕，任户部尚書，刑部侍郎，華州刺史，河南尹等，歷唐憲宗，穆宗，敬宗，文宗，四朝名臣，文、書具上。史稱："以道義自處，事上盡心，尤嫉朋黨，故不爲權幸所知"。

佐證

一、《國語·鄭語》云："己姓，昆吾，蘇、顧、温、董"。韋昭注："五國皆昆吾之後别封者"。

温彦國注（以下簡稱國注）：《國語》爲春秋時期左丘明所作，是我國最早的國别史，收録史料豐富，所記史實詳細，特別有三國時韋昭的注釋，更爲價值。

這説明温國與昆吾、蘇、顧、温、董都是顓頊帝高陽氏昆吾的後裔，同爲己姓，時在夏代初期。就此文獻可以斷定，唐叔虞自然不可能是温姓始祖。

二、《路史》云："温，己姓，子爵，今孟之温，西南三十里有古温城"。

國注：《路史》，宋代羅泌著，是代表宋以前中國上古史研究的重要著作，是一部匯集和保存了巨大和衆多引書資料而成的史書，對中國上古史研究和中國姓氏源流的研究具有重要的價值。

"温，己姓"，出自黄帝之孫顓頊帝後裔的高陽氏，是中國最早的姓氏之一，夏王室爲姒姓，時有霸主昆吾爲己姓，己姓中有蘇、顧、温、董、豢、龍等氏。"孟之温"就是今河南省的孟州和温縣。"古温城”就是夏代温國的都城，在今河南温縣的上苑村(早已被河南省列爲夏代温國都城遺址保護單位，見豫政【2008】36號）。

三、《左傳·哀公元年》云：“樹德莫如滋，去疾莫如盡，昔有過澆殺斟灌，以伐斟鄩，滅夏後相，後緡方娠，逃出自竇，歸於有仍，生少康焉，爲仍牧正，惎澆，能戒之。澆使椒求之，逃奔有虞，爲之庖正，以除其害。虞思於是妻，之以二姚，而邑諸綸。有田一成，有眾一旅，能布其德，而兆其謀，以收夏眾，撫其官職，使女艾諜澆使季杼誘豷，遂滅過，戈，復禹之績，祀夏配天，不失舊物”。

國注：少康奉祀夏朝，以祖先同時祭祀天帝，恢復了夏代原來的典章制度。吴王夫差敗越，越王以甲楯五千保會稽，遣大夫文種因吴大宰嚭以求和，吴王將許之。伍員以爲不可，亦以“少康中興”爲例告誡夫差。

四、《左傳·襄公四年》云：“靡自有鬲氏，收二國之燼，以滅浞，而立少康”。

國注：相的兒子少康，在有虞氏的幫助下，經多年努力，終於滅掉寒浞，恢復了夏朝。史稱“少康復國”。正與【唐故太常丞贈諫議大夫温府君神道碑】和【唐故征君左補闕温先生墓誌銘】所記載的“佐夏滅窮”相吻合。

五、《古本竹書紀年》云：“夏眾滅浞，奉少康歸於夏邑，諸侯始聞之，立爲天子”。（王國維疏證）

國注：《古本竹書紀年》爲戰國時期史官所作，記載夏、商、周、至戰國時期的歷史，是編年體史書。

少康消滅了以寒浞爲首的東夷族有窮氏，復興了夏朝，立少康爲帝，這就是歷史上的“少康中興”。

也與【唐故太常丞贈諫議大夫温府君神道碑】和【唐故征君左補闕温先生墓誌銘】所記載的“佐夏滅窮”相吻合。

六、《史記·夏本記》云:“禹爲姒姓,其後分封,用國爲姓,故有夏後氏……”。

國注：這些都是夏國同姓的方國，在夏國周邊地域，夏、商、周三代都搞封國賜地的宗法制，大小諸侯國遍布中華地域，這些國名便成爲這些諸侯後裔的姓，以封國爲姓的姓，都是大宗本姓的分支，或稱嬗變，如昆吾、蘇、顧、温、董、崇、程、習、寒等。

七、《唐·世係表》云：“温，己姓。唐太常丞温信碑云：“‘温，顓頊裔，爲己姓’。澍按：《春秋》僖公十年，狄滅温，温子奔衛，温子即蘇子，蘇子爲己姓，則温出己姓無疑”。

國注：《唐·世係表》所説的“温信碑”應該就是“温佶碑”（【唐故太常丞贈諫議大夫温（佶）府君神道碑】），見《唐文拾遺》和《金石續編》。

因當時此碑影響很大，當朝宰相牛僧孺撰文，户部尚書裴潾書丹，學書習字的捶拓人很多，故碑文漫漶剥蝕，損毁嚴重，不少字看不清楚，如：“佶”字與“信”字，字形相近。後人便把“佶”字誤認爲“信”字了。文獻中所記載的【唐太常丞温信碑】皆如是也。

顓頊，是黄帝的孫子，九黎族的首領，父親是昌意，昌意是黄帝與嫘母的次子。昌意取蜀山氏之女昌什爲妻，生顓頊，爲三皇五帝的第二位，明確證實，温姓源於夏代，出於己姓，是黄帝的後裔。

八、《古本竹書紀年》云：“帝癸二十六年，商滅温，温爲商之畿内邑”。

國注：《國語·鄭 語》：“己姓、昆吾、蘇、顧、温、董，則夏滅之矣”。説明商代以前就有温國，故滅之。《温縣舊誌》也載。

九、北宋政治家、科學家沈括，在爲當朝宰相温仲舒撰《温氏世譜序》中寫到：“古之温邑之後，三代以來，其爲名邑也遠矣。皎然翹然，天下知有温氏也……”。

國注：古代的温邑，夏、商、周三代以來，發展爲聞名天下的大邑，起源久遠，優秀而引人注目，以至於天下人都知道温氏。肯定了温姓起源的古温邑時代很早。

十、《中國歷史年表》，中國社會科學院歷史研究所編，中華書局出版。“公元前二千零七十年，禹之子，啟得帝位，此即文獻記載中的“夏”王朝。統治的中心地區在今河南西部和山西南部。屬河南龍山文化晚期第二段”。

國注：符合【唐故太常丞贈諫議大夫温府君神道碑】和【唐故徵君左補闕温先生墓誌銘】中提到的温平助夏滅窮的時間。河南西北地區屬："龍山文化"和"二里頭文化"分布區，具備設立夏代方國的條件。

十一、《中國歷史地名大辭典》云："温即温縣，春秋晋置，治所在今河南温縣西南"。

十二、《中國古今地名大辭典》云："温縣亦曰蘇城，周爲畿内邑，漢置温縣，故城在今河南温縣西南三十里"。

十三、《左傳·隱公三年》云："鄭祭足帥師取温之麥"。杜预注："温，当在今河南温縣南三十里之地"。

十四、《左傳·成公十一年》云："劉子單子曰：'蘇忿生温爲司寇，蘇氏即狄，又不能於狄而奔衛，襄王勞文公而賜之温’。故城在今河南温縣西南”。

國注：以上十一至十四則文獻的記録，都充分説明“温”及“温縣”出現較早，夏、商、周三代以來都有記載。這與温姓氏族起源於夏代，有着直接的關係。温縣一帶是蘇國的中心，如《漢書地理誌》：“温故國，己姓，蘇忿生所封也”。《後漢書•郡國誌》：“温，蘇子所都”。

十五、《左傳•昭公三年》云：“文子曰：温，吾縣也”。

國注：春秋時期，范宣子、趙文子、韓宣子都想要這地方，趙文子説，温縣是我的縣。可見温縣史有之早。

十六、温縣招賢鄉上苑村，是夏代温國的都城遺址，已被河南省人民政府列爲重點文物保護單位，見公文政令（豫政【2008】36號）。

國注：這個定論是經過河南省社會科學院，河南省文物歷史考古所，河南大學等專業機構和國家科研院所及專家、學者考察、研討和科學認定的。史料、文物、遺址等，有根有據。

十七、《詩經》云："韋，顧既伐，昆吾，夏桀"。《淮南子》云："至於昆吾，夏後之世"。

國注：這裏都提到了昆吾和夏，可見昆吾爲夏代的方國，與夏王朝有着重要的關係。

十八、《國語·周語上》云："邦外侯服，侯，衛賓服"。

國注：就是夏都城地帶之周邊和周邊設立的諸侯方國，另外"侯服"之外還有臣服的異姓方國部族，即"賓服"，這些方國部族都是夏王朝的重要防禦力量，是穩定夏政權的重要因素。

十九、《温縣舊誌》、《温縣新誌》皆云：

1.“約公元前二十一世紀，此地已立國，以境內有温泉得名，稱温國”。

2.“温自夏時立國，至今已三千七百餘年的歷史，據《水經注》卷七記載：“古温城在古濟水南道東岸，虢公塚西面，虢公臺北邊。今據濟水故道和虢公塚、虢公臺的確切位置，古温城當在今上苑北濟水東邊。據實地考察，其位置當在今上苑與東城外之間的高臺地上”。

3.“温之名，最早見於《竹書紀年》，其中《夏後記》有帝癸“二十六年，商滅温”。《帝係名號歸一圖》中記有：“温國爲黄帝——顓頊——祝融——陸終——昆吾——温。封國始於禹，昆吾立國於仲康六年，温的立國當在夏之中期或後，此外，温作爲地望名稱”。

4.“夏始有‘温’，稱‘温國’，中心在今上苑村北一帶，築有城”。

“周初，温、州均爲賜封蘇忿生的十二采邑之一。周桓王八年（前七百一十二年）周將温、州賜鄭，周襄王十七年（前六百三十五年）周將温、州賜晋，晋設上大夫，温始稱縣”。

國注：以上結論的記載，都説明了一個問題，那就是認同夏代温國的存在。與【唐故太常丞贈諫議大夫温府君神道碑】和【唐故徵君左補闕温先生墓誌銘】的記述非常吻合。

温國始於夏代，當時的己平帶領族人創建了存亡復國的不朽功勛，纔得以封於温地，得姓温氏，始爲温姓的祖先。

夏時的温國和温平爲何少於史載，主要因素爲當時的封國（方國）很多，又沒有特別事件，再加上時值文字初起時期，記述的載體不同，更不易保存等所致。夏“少康中興”的事都没能讓司馬遷録入《史記》，他事可想而知。

唐叔虞時代與古温國、温平相差千年，不可能成爲始祖，雖然有不少史料和文獻公然記述（原因多種），但在【唐故太常丞贈諫議大夫温府君神道碑】和【唐故徵君左補闕温先生墓誌銘】出現後，這些謬誤自然被徹底推翻。

早前是因爲資料和訊息有限，造成了客觀上的閉塞，不能共享，比如【唐故特進尚書右僕射上柱國虞恭公（温彦博）碑】較【唐故太常丞贈諫議大夫温（佶）府君神道碑】就早一百九十七年。

再説唐初戰亂未歇，爲官者都受“上品無寒門、下品無世族”的社會影響，擡高門第，攀援附會，已成風氣。加之虞恭公温彦博蓋棺定論，不能祖上無貴，於是乎，岑文本在爲虞恭公温彦博撰寫碑文時就把周文王和唐叔虞拉了進來，以彰其顯。但是，也不排除唐叔虞可能爲温姓氏族的某支脉先祖，有待考證。

歷史的問題是，越往後越清晰，越往後越可靠，越往後發掘的資料和不斷出現的史事就越多，證實和糾正錯誤就越准確。是謂：“以史爲鑒，可以知興替”。

作者：温彦國，現爲海軍後勤部司令部助理員，中國書法家協會會員，中國詩歌學會會員，中國楹聯學會會員等，畢業於首都師範大學中國書法文化藝術專業歐陽中石先生研究生，專工古典文學研究和書法文化藝術教育。

夏代温國考略

張國碩

夏代，今豫西伊洛盆地一帶爲夏王朝統治的中心區域，由夏王直接控制。而王畿周邊和周邊地區的統治，則通過設立諸多方國來實現。這些方國一般是區域性的政治實體，具有一定的獨立性或自治性。同時，各方國大都具備一定的軍事重鎮功能，爲夏王朝鎮守某一地方，維護邊境地區的安寧。談起夏代方國及方國對夏王朝的作用，一般都要提到葛、韋、顧、昆吾等方國，其對夏東方地區的安全至關重要。值得注意的是，夏王朝北境也設置有一係列方國，其中温國即是這些方國之一。本文擬就夏代温國的建立及其年代、温國的地望、地位與作用以及温國的滅亡等問題，談談自己的看法，以期對温國和温姓起源研究有些許裨益。

一、温國的建立

較爲可靠的文獻材料明確記載温國爲己姓昆吾之後、夏代方國。如《國語·鄭語》：“己姓昆吾，蘇、顧、温、董”。韋昭注：“五國皆昆吾之後別封者”。

據文獻記載，昆吾是顓頊、祝融之後，爲夏代己姓方國，夏晚期爲“方伯”，後爲商湯所滅。如《國語·鄭語》：“祝融……其後八姓……昆吾爲夏伯”。韋昭注：“昆吾，祝融之後，陸終第一子，名樊，爲己姓”。《世本·氏姓》：“昆吾，古己姓之國，夏時諸侯，祝融之後”。《史記·殷本紀》：“夏桀爲虐政淫荒，而諸侯昆吾氏爲亂……湯自把鉞以伐昆吾”。《正義》：“帝嚳時，陸終之長子封於昆吾。夏之昆吾，即其後也”。《史記·楚世家》對昆吾的身世記載甚詳：“楚之先祖出自帝顓頊高陽……高陽生稱，稱生卷章，卷章生重黎……以其弟吴回爲重黎後……吴回生陸終。陸終生子六人……其長一曰昆吾……夏之時嘗爲侯伯，桀之時湯滅之”。此外，《詩經·商頌·長髮》有“韋、顧既伐，昆吾、夏桀”之句，《淮南子·俶真訓》有“至於昆吾、夏後之世”的描述，二者都把昆吾與“夏”并提，足見昆吾爲夏代方國，與夏王朝關係密切。

因昆吾歷史悠久，在夏代又是方伯之國，勢力強大，分支眾多，那麼作爲己姓昆吾分支的温，其至少在夏代應已立國。今本《竹書紀年》有帝癸（桀）時期“商滅温”的記載，説明其作者是認同夏代温國的存在。

據唐代有關金石材料，温國始祖名“平”，因助夏有功，受封於温，建立温國。如【唐故太常丞贈諫議大夫温府君神道碑并序】：“温氏裔顓頊，爲己姓。其後有平，佐夏滅窮，厥用祚土”[1]。又如【唐故徵君左補闕温先生墓誌銘并序】：“温先生諱邈，字順之，本己姓，有平者，佐夏滅窮，受封於温，因以命氏”[2]。這裏皆言温立國於夏，温氏得姓與夏之“平”有關。

二、温國的地望

探討温國的地望，應首先分析一下與温國關係密切的昆吾、蘇、顧、董等國的分布區。

關於昆吾，最初應分布於今豫北的濮陽一帶，後來發生了遷移。《左傳·哀公十七年》記載："衛侯夢於北宮，見人登昆吾之觀"。杜預注："衛有觀在昆吾之虚，今濮陽城中"。這裏是説衛都帝丘爲"昆吾之虚(墟)"，且城内有"昆吾之觀"。《漢書·地理誌》記載："濮陽……本顓頊之虚，故謂之帝丘。夏後之世，昆吾氏居之"。這些記載都言"昆吾之居"在今河南濮陽一帶。夏代中晚期，受到商族興起的影響，昆吾被迫南遷。一説昆吾遷至"舊許"。《國語·鄭語》韋昭注："昆吾，祝融之後……封於昆吾，昆吾衛是也。其後夏衰，昆吾爲夏伯，遷於舊許"。《左傳·昭公十二年》楚靈王稱："昔我皇祖伯父昆吾，舊許是宅"。今本《竹書紀年》有胤甲時期"昆吾氏遷於許"的記載。此"舊許"之地望，朱右曾《詩地理徵》卷六"昆吾"條認爲在今河南許昌縣東。

但有學者考證認爲昆吾“舊許”不應在許昌附近，而理應在許昌以北的今新鄭市鄭都附近[3]。筆者研究認爲，今新鄭望京樓一帶應該就是夏代中晚期的昆吾之居[4]。這就是説，夏代中晚期的昆吾遷至今河南新鄭一帶。

關於蘇國，《國語·鄭語》稱其爲己姓昆吾分支之一。《新唐書·宰相世係表》記載：“昆吾之子封於蘇”。今本《竹書紀年》稱帝芬“封昆吾氏子於有蘇”。商代仍有蘇國。《國語·晋語四》云：“殷辛伐有蘇，有蘇氏以妲己女焉”。夏商蘇國當在今豫西北地帶，有學者考證認爲在今輝縣西[5]。

關於顧國，《世本·氏姓》篇云：“顧氏，出自己姓。顧伯，夏商侯國也”。顧之初封地，文獻材料多認爲在今豫東北地區。《左傳·哀公二十一年》：“公及齊侯、邾子盟於顧”。杜預注：“顧，齊地”。楊伯峻注：“在今河南苑縣舊治東南五十里”。《元和郡縣誌》卷十一濮州苑縣條：“故顧城在縣東二十八里，夏之顧國也。”據此，主流觀點多認定顧國在今河南范縣東[6]。但與昆吾一樣，夏代後期顧國也應經歷了南遷過程，由今豫東北遷至鄭州附近，鄰近古黄河。其具體地望，或認爲在今原陽、武陟一帶[7]；或認爲“顧”即商代甲骨文之“雇”，“夏末之顧國在鄭州西北”[8]；筆者認爲夏代顧國即今滎陽市境内的大師姑夏代城址[9]。

關於董國，《國語・鄭語》韋昭注：“董姓，己姓之別受氏爲國者也”。其地望不詳，但不應距離昆吾、蘇、顧等己姓方國太遠，可能分布在今豫北或相鄰地區某地。西周時期的董國分布於今山西聞喜縣東北，地處倗國（今山西絳縣）之西。

綜上分析，昆吾、蘇、顧等國均分布於今豫北地區古黄河沿岸地帶，那么作爲己姓昆吾重要分支的温國也應當分布於今豫北地區。

從文獻材料可知，温縣所在的豫西北地方當屬於夏王朝的控制區。《史記•孫子吴起列傳》指出“夏桀之居”爲“左河濟，右泰華，伊闕在其南，羊腸在其北”。“夏桀之居”應是指夏王朝控制的主要區域。北地“羊腸”地望雖有爭議，但一般認爲在今山西長治一帶。由此可知，温縣一帶當屬於夏王朝主要控制區的北部。爲了維護夏北方地區的統治，夏王朝在這裏設立一方國是理所應當的。

從考古材料來看，今豫西北地方是二里頭文化的分布區，具備設立夏王朝方國的基本條件。學界一般認爲，二里頭文化爲夏代中後期的夏文化。二里頭文化的分布範圍是以今豫西地區爲中心，往北到達焦作、濟源地區以及晋南地區，在河南吉利東楊村，孟州禹寺，温縣上苑、西梁所、北平皋，武陟大司馬、趙莊，沁陽西苟莊、花地岡，濟源廟街、河頭、西關汽車站、留莊、交兑、白溝，以及山西夏縣東下馮、垣曲古城南關、翼城感軍等近百處遺址，都發現有較爲豐富的二里頭文化遺存[10]。有學者研究認爲，屬於夏文化的二里頭文化分布區與屬於先商文化的下七垣文化分布區是以沁河爲界，沁河以西爲夏文化分布區，沁河以東爲先商文化分布區[11]。據此可知，温縣一帶在夏代屬於夏文化分布區，這裏當爲夏王朝的控制範圍之内，在這裏設立温方國是很自然的事。

文獻有温國故城在今温縣境内的記載。宋代羅泌《路史・國名紀三》云："温，己姓，子爵。今孟之温，西南三十（里）有古温城，漢温縣"。考古調查材料顯示，温城遺址位於温縣城西約十五公里的招賢鄉上苑村北，爲河南省重點文物保護單位。遺址西臨濟水故道（豬龍河），地勢較高。古代遺存豐富，文化層厚二至四米，面積超過十萬平方米。文化遺存延續時間長，包括仰韶文化、龍山文化、二里頭文化時代和商、西周、東周和漢代。夯土城垣平面呈長方形，東西長約四百米，南北寬約三百五十米，西南城垣（祭天臺）高約五米。據早年學者考察，城址年代可能始建於西周，約在漢代重修[12]。二千零一十五年冬，筆者曾專程到温城遺址考察，發現遺址規模大，遺址東部有諸多屬於夏代的二里頭文化和商文化遺存，結合相鄰的輝縣孟莊城址始建於龍山時期、夏商時期重修使用的特點，以及温城周圍有西梁所等諸多二里頭文化遺址的現象，不排除該城址始建於夏代、商代以後延續使用的可能性。

三、温國建立的年代

通過對文獻材料的綜合分析可知，温國的建立年代當在少康中興之後的帝寧時期。夏啟死後，其子太康繼位，不理朝政，沉迷於游樂之中，激起人民的强烈不滿。此時，來自於東夷的後羿——寒浞集團趁機“因夏民以代夏政”，從而導致“太康失國”，夏王朝幾乎陷於滅亡的境地。後經歷相、靡、少康等人的艱苦奮鬥，夏王朝纔得以恢復，此即“少康中興”。早在禹時期，興起於豫西地區、以陽城（今河南登封王城崗遺址）爲都的夏族，曾首次北上控制晋南地區。但由於“太康失國”的發生，夏政權無暇顧及周邊地區，致使周邊部族、方國多有叛離，夏王朝隨失去了對豫西北、晋南等北方地區的控制。隨著少康之後夏政權的恢復和軍事力量的不斷增强，夏王朝逐漸收復失地，并向外擴大勢力範圍。少康之後的帝寧時期，夏王朝軍事力量已較强大，開始對周邊大規模擴展，而豫西北、晉南則爲帝寧首選攻占之地，此即夏族勢力的“第二次北上”[13]。古本《竹書紀年》記載“帝寧居原”。“原”之地望，《括地誌》云“故原城在懷州濟源縣西北二里”，即今河南濟源市西北郊的原村一帶。“帝寧居原”不是説夏王朝完全廢棄伊洛地區的夏都斟尋而遷都於原，而是在保留斟尋主都的前提下，另在黄河北岸的濟源一帶建立一個輔都[14]。待這個地區局勢穩定後，帝寧把攻伐的重點轉移至其他地區。因此，温應是在帝寧時期夏王朝控制豫西北、晉南地區之後而設立的方國。

從考古材料分析，温國的建立時間應是在二里頭文化第二期，大約也在夏王帝寧之後。應該説，上述夏族第二次北上晉南的軍事行動取得了成功，表現在二里頭文化有一個自南向北的發展進程，晋南最終成爲二里頭文化東下馮類型的分布區。東下馮類型可分三期，年代基本上與豫西地區的二里頭類型二至四期相當，説明該類型是在二里頭類型發展到一定階段向晋南發展并與當地原居文化逐漸融合而形成的[15]。帝寧爲夏第六王和夏啟之五代孫，年代大約屬於二里頭文化第二期，而東下馮類型的形成時間亦爲二里頭文化第二期，帝寧的北上擴張年代與東下馮類型形成的年代是吻合的。

值得注意的是，上述文獻、考古材料所顯示出的夏代温國是在少康中興之後的帝寧時期建立的結論，與河南濟源所見有關温氏先人的材料如【唐故太常丞贈諫議大夫温府君神道碑并序】、【唐故徵君左補闕温先生墓誌銘并序】中提到的“温國是在先祖平助夏滅有窮氏有功而封於温”的説法是基本一致的。

四、温國的地位與作用

夏代中晚期，夏王朝施行“守在四邊”的防禦模式，十分倚重周邊方國進行軍事防禦。少康、帝寧之後，夏王朝構建起以都城防禦爲中心，都城周邊自然山河關隘爲遮罩，周邊地區軍事防禦爲重點，多重防禦設施和手段相互結合的軍事防禦體係[16]。

從文獻材料可以得知，夏王朝分封一係列同姓或異姓方國部族，利用這些方國部族保障國家中心地帶的安全。《國語・周語上》稱“邦外侯服”，即在都城地帶之周邊、周邊設立的諸侯方國；另在“侯服”之外還有一些臣服的異姓方國部族即“賓服”。這些方國部族是夏國家軍事防禦體係中重要的環節，其是否服從夏王朝，在動蕩時期能否忠於夏王朝，成爲夏政權穩定的重要因素。文獻材料有夏王朝設立方國的綫索。如《史記・夏本紀》：“禹爲姒姓，其後分封，用國爲姓，故有夏後氏、有扈氏、有男氏、斟尋氏、彤城氏、褒氏、費氏、杞氏、繒氏、辛氏、冥氏、斟戈氏”。據學者考證，這些夏族同姓方國大都位於以伊洛盆地爲中心的夏周邊地區，其中冥氏在山西平陸縣北，彤城氏在今陝西華縣境内[17]。此外，夏王朝還設立一些異姓方國，如葛、韋、顧、昆吾、薛、有緡氏、有仍氏等，其在夏國家軍事防禦體係中居於舉足輕重的地位。

從考古發現來看，夏王朝的確在周邊地區建立一些具有軍事重鎮功能的方國。二十世紀八十年代以來，考古工作者發掘多處屬於夏代的方國城址或大型遺址，其中以東方的河南滎陽大師姑城址、新鄭望京樓二里頭城址，西北方的山西夏縣東下馮遺址，南方的湖北盤龍城遺址爲代表。這些城址或遺址多位於夏王朝周邊重要地帶，交通便利，基本都建造有城垣或壕溝等大型防禦設施。其年代，大多始建於二里頭文化第二期，毀棄於二里頭文化第四期，大約與夏王朝中後期相當。

作爲夏王朝周邊地區軍事防禦體係的重要組成部分，温國是夏王朝東北周邊防禦的一個重要環節。温縣所在地區交通便利，戰略位置十分重要。這裏位於夏王朝北上經營晉南的必經之地，也是夏王朝與東北方諸異姓方國部族交往的主要通道，夏代後期又是夏王朝與豫北地區新崛起的商族進行軍事對峙的前沿地帶，在控制豫西北晉南地區局勢、維護這一地區的安全與穩定上，温之方國扮演著至關重要的作用。分布於今豫北地區的商族，與位於伊洛盆地的夏王朝中心區相鄰，但商湯滅夏路綫并没有經過今新鄉、焦作地區西南向進入伊洛盆地這個“近道”，而是“繞道”從豫北地區南下豫東地區，再由東往西進入鄭州地區，最終進入伊洛盆地滅夏，究其原因，應該與温國的强大以及温國對夏王朝的忠誠有一定的關係。

五、温國的滅亡

夏代末年，商湯在攻滅葛、韋、顧、昆吾等夏方國、清除掉滅夏主要障礙之後，遂即發動滅夏之役，在很短時間内即順利攻入桀都斟尋。據《史記·夏本紀》記載，夏桀倉皇率領部分族衆、軍隊逃往今晋南，但商湯并未給夏桀以喘息的機會，當即率軍尾隨夏桀到晋南尋機决戰，商軍大勝，桀“遂放而死”，夏王朝滅亡。從地理環境條件來看，商湯軍隊滅夏的路綫必然是從伊洛盆地北上，渡過黄河進入豫西北地方，然後經濟源一帶進入晋東南、晋西南地區。依照此條路綫，温縣所在的豫西北地方是商湯最終滅夏桀的必經之地。爲掃除攻滅夏桀的障礙，商湯軍隊必然要攻占温國控制區，從而導致温國的滅亡。據此推測，夏代温國的滅亡時間應是在夏末夏都斟尋被攻占之後，晚於韋、顧、昆吾等方國的滅亡年代，而早於夏桀及夏軍最終在晋南被商殲滅的年代。

這裏有必要對今本《竹書紀年》記載夏王朝與諸方國滅亡的年代進行分析。其曰：帝癸（桀）"二十六年，商滅温"；"二十八年，……商師取韋"；"二十九年，商師取顧"；"三十年，商師征昆吾"；"三十一年，商自陑征夏邑……克昆吾……戰於鳴條"。這裏是説夏桀二十六年商師就已滅温，早於夏桀滅亡的年代（三十一年）和韋、顧、昆吾等方國的滅亡年代。一般認爲，今本《竹書紀年》的史料價值没有古本《竹書紀年》的史料價值高；前者的記載雖然有一定的史影，但其所列夏、商各個事件的年代是缺乏確切依據的。假若商滅温是在滅韋、顧、昆吾等方國之前幾年，那麼商人已占據今豫西北地方，與南面夏王朝的腹地——伊洛盆地隔黄河相望，商湯完全可以聚集力量直接渡河南下滅夏，而没有必要再繞道遙遠的鄭州以東地區攻滅韋、顧、昆吾等夏方國之後纔回頭攻滅夏桀。顯然，今本《竹書紀年》所説的年代是不合情理的，也是不確切的，温方國的滅亡時間應是在韋、顧、昆吾滅亡之後和夏桀在晋南被商殲滅之前期間。

商代温國滅亡後，屬於王畿地區的温邑應是商王“沁陽田獵區”的重要組成部分。據甲骨卜辭，商王經常去温地巡遊狩獵。如“王过其於温”。(《屯》745），“辛卯蔔，貞：王其田温，亡災”？（《合集》33529），“在温”。（《合集》10874）。

西周時期，今温縣一帶是蘇國的中心。據《左傳・成公十一年》、《尚書・立政》等文獻記載，周武王封大司寇忿生於蘇，稱爲“蘇忿生”，蘇國以温爲首邑。其後的文獻記載多言温縣爲蘇子國故地，如《漢書・地理誌》河内郡：“温，故國，己姓，蘇忿生所封也”。《後漢書・郡國誌》：“温，蘇子所都”。羅振玉《三代吉金文存》著録有青銅銘文《蘇甫（夫）人匜》，充分説明西周時期蘇子國的存在。逮至春秋前期（公元前六百五十年），蘇國被狄人所滅。

六、結語

綜上所述可知，温國爲己姓昆吾之後，至少在夏代已立國，是夏王朝的方國之一，始封者“平”因佐夏复國有功而受封於温。由於同爲己姓的昆吾、蘇、顧等國最初均分布於今豫北地區古黄河沿岸地帶，那么作爲昆吾分支的己姓温國，理應也分布於今豫北地區某地，又由於文獻材料表明温縣所在的今豫西北地方是夏王朝的控制區，考古材料顯示這裏是屬於夏文化的二里頭文化分布區，具備設立夏方國的基本條件，故今温縣一帶應爲夏代温國的分布地，其政治中心當在今温縣城西的上苑村一帶。

夏代温國的建立年代應是在少康中興之後的夏王帝寧時期，是夏王朝控制今豫西北、晋南之後而設立的方國。夏王朝實行“守在四邊”的防禦模式，在周邊地區建立諸多具有軍事重鎮功能的方國，温國即其一。作爲夏王朝周邊軍事防禦體係的重要組成部分，温國地處夏王朝的東北邊境和抵禦商族南下的第一綫，在維護這一地區安全上扮演著至關重要的角色。夏代末年，温國被商軍攻滅，滅亡的時間應是在夏都斟尋被攻占之後，晚於韋、顧、昆吾等方國的滅亡年代，而早於夏桀及夏軍在晉南最終被商殲滅的年代。

〔**箋注**〕：

[1] 温府君，名温佶，字輔國，其子温邈。此碑立於河南省濟源市坡頭鄉左山村。（清）陸耀遹《金石續編》卷十一(鴻寶齋石印本)有録文，牛僧孺撰文，裴潾書寫。

[2] 温邈，字順之，其父温佶。温邈墓誌於1990年出土於河南省濟源市坡頭鄉左山村，現存河南博物院。墓誌共1000多字，介紹了温邈的簡歷以及家族世係、社會情況，具有較高的史料價值。參見黄林納、譚淑琴《唐温邈墓誌》、《江漢考古》

2014 年第 5 期。

[3] 鄒衡:《夏商周考古學論文集》,科學出版社,2001 年,第 214 頁。

[4] 張國碩:《望京樓夏代城址與昆吾之居》,《蘇州大學學報》2012 年第 1 期。

[5] 何光岳:《楚源流史》,湖南人民出版社,1988 年,第 47 頁。

[6] 朱紹侯主編《中國古代史》,福建人民出版社,1982 年,第 60 頁。

[7] 鄒衡:《夏商周考古學論文集》,科學出版社,2001 年,第 186 頁。

[8] 楊昇南:《湯放桀之役中的幾個地理問題》,《全國商史學術討論會論文集》,《殷都學刊》增刊,1985 年。

[9] 張國碩：《夏代晚期韋、顧、昆吾等方國地望研究》，《中國歷史地理論叢》2015 年第 2 期。

[10] 中國社會科學院考古研究所編著《中國考古學·夏商卷》，中國社會科學出版社，2003 年，第 82—87 頁。

[11] 劉緒：《論衛懷地區的夏商文化》，《紀念北京大學考古專業三十周年論文集》，文物出版社，1990 年。

[12] 張新斌：《温史述論》，《河南師範大學學報》1988 年第 2 期。

[13] 張國碩：《從夏族北上晉南看夏族的起源》，《鄭州大學學報》1998 年第 6 期。

[14] 張國碩：《論夏商時代的主輔都制》，《慶祝鄒衡先生七十五壽辰暨從事考古研究五十年論文集》，科學出版社，2003 年。

[15] 李伯謙：《東下馮類型的初步分析》，《中原文物》1981 年第 1 期。

[16] 張國碩：《夏國家軍事防禦體係研究》，《中原文物》2008 年第 4 期。

[17] 鄭傑祥：《夏史初探》，中州古籍出版社，1988 年，第 73～78 頁。

作者：張國碩，男，1963 年生。鄭州大學歷史學院教授、博士生導師，河南省特聘教授。中國殷商文化學會副會長，中國考古學會夏商考古專業委員會副主任，中國先秦史學會理事，中國古都學會理事。主要從事先秦歷史與考古、古代城市與都城研究。

温姓始於古温國

何光岳

中華民族史的研究，離不開五千年中華文明史中的姓氏文化。中華姓氏文化是中華文明史中一個不可缺少的組成部分。中華伏羲文化研究會姓氏源流研究中心召開的中華百家姓氏源流（温氏）研討會，不僅是對温氏歷史文化的研究，也是對中華文明的文化史的研究。我應邀參加了這一研討會。根據會議展示的唐代碑石内容和與會專家、學者們的交流，特别是會後又翻閱大量的歷史資料和有關文獻，而後進行研究，我對温氏的起源史有了更加清晰的認識。

本人曾在早年編著的《中華姓氏通書》一書中談到，中華姓氏有以封地爲氏、以職業爲氏等等多種起源形式，就現有資料論證看，温氏的起源是以古温國爲氏的，這一點現在應該是没有疑問的。

夏時之有温國，見於史料不多。《國語》有："昆吾、蘇、顧、温、董，（韋昭）注：此五國皆昆吾之後別封者"。《竹書紀年》、《路史》，也都有古温國或古温城的記載。《温縣誌》記載的較詳："此地夏代時已立國，因境内有温泉而稱温國"，等等。記得本人曾有一文——《昆吾氏諸國的興亡與遷徙》，亦曾談及温和夏代昆吾氏族。本次會議展示文物部門提供的唐"温佶碑"和"温邈墓誌銘"的拓片，有夏代温國形成的記載：“有平者，佐夏滅窮，受封於温”。據此，夏有温國，爲不爭之實。

那么，温氏是否是以夏代温國爲氏的呢？在没開這次研討會和對這兩塊碑石不瞭解前，有較多的説法，如説温氏源於晋大夫封温等，本人也曾認同這一説法，因爲我收藏的温氏家譜中，也自稱是晋代唐叔虞之後。所以本人在研究温氏起源時就没有再將温氏與古之温國聯繫起來，特别是早於夏代前的黄帝、顓頊和昆吾氏等，没有聯繫起來。此次研討會展示的【唐故太常丞贈諫議大夫温府君神道碑】和【唐故徵君左補闕温先生墓誌銘】的拓片和有關文獻資料，載明温氏始於夏：“有平者，佐夏滅窮，受封於温，因以命氏”。此載以當朝宰相之尊，户部尚書之貴，温氏名家之顯，記述了温氏源於夏代温國，是目前所有論及温姓的文獻所不能及的。同時，此碑石的發現，印證和填補了本不多見的有關夏代昆吾氏有温的記載，也充實了夏史，更重要的是明確敘述了温姓的來源。基於此，温氏始於夏代温國應是可靠無疑的。

關於温氏的起源，無論有多少種説法，當以最早者爲源，以歷史記録爲准。起源於夏代的古温國氏族，悠悠四千餘年，源遠流長，榮出於黄帝後裔更顯温氏在中華民族歷史文化中的厚重和深遠，足令温氏後代引以爲自豪。

中華伏羲文化研究會姓氏源流研究中心，對温氏源流的專題研討會，在夏代歷史文化研究和古國古城的研究以及姓氏歷史文化的研究等方面，成果豐富，意義深遠。特别是對温氏起源史的研究論證，對温姓氏族弘揚優秀的温氏歷史文化，實現温姓氏族的大團結，直至中華民族的和諧，均有着很好的促進作用。在中華温氏起源史方面，有了一個符合史實的起源説，那就是：温姓始於古温國（今河南省温縣）。

作者：何光岳，1939 年生，湖南岳陽人，中華民族史專家，湖南省社會科學院研究員。湖南省炎黄研究會會長、中國伏羲文化研究會副會長、中國漢民族研究會副會長。1986 年獲“國家級有突出貢獻的專家”稱號、享受國務院政府特殊津貼。

温氏源流概說

馬世之

温氏是中華民族姓氏中的一個著名姓氏，有着悠久的歷史和古老的姓氏文化。温氏在中華民族的起源與發展中，與其他姓氏共同發揮了積極而重要的作用，在中華民族史上，寫下了光輝燦爛的篇章。

“參天之木，必有其根；懷山之水，必有其源”。關於温姓之源，過去有不同的版本，有不同的說法。最具代表性的是“三源說”和“多源說”。“三源說”

主張温姓有三個源頭：一是出自己姓，爲顓瑞高陽氏之裔，是昆吾氏之後以温國爲氏。二是顓頊高陽氏之裔，昆吾氏蘇國之後，源於蘇國己姓。清人張澍《姓氏尋源》説：“春秋僖公十年，狄滅温，温子奔衛。温子即蘇子，蘇氏爲己姓，則温出己姓無疑”。此説主張温氏始祖爲西周初年蘇國的始君蘇忿生。三是認爲温氏源於姬姓，爲唐叔虞之後。唐人林寶《元和姓纂》載：“温，唐叔虞之後，晋公族受封河内之温，因以命氏。又郤至食采於温，亦號温季”。《新唐書・宰相世係表》沿襲此説，主張温氏始祖爲唐叔虞和郤至。

多源説更爲複雜，除了上述三源之外，還有劉氏改姓温，菲律賓國王蘇禄東王次子温哈喇改姓温，少數民族改姓温，等等。一個著名姓氏，儘管有種種説法，但是衹能有一個本源，共奉一個始祖。

研究中華姓氏，就要正本清源。根據這一原則，經過認真探索，我認爲温氏出自己姓，爲顓頊高陽氏後裔，始祖温平，是夏代温國的締造者、創始人。温人以國爲氏，始有温姓。現從以下兩個方面説明問題：

一、歷史文獻爲依據

相傳【唐太常丞温信碑】云："温，顓頊裔，爲己姓"。這個太常丞温信可能就是温佶，大約屬於後人的誤記。《國語・鄭語》説："己姓，昆吾、蘇、顧、温、董"。韋昭注："五國皆昆吾之後别封者"。告訴我們，温國與昆吾、蘇、顧、董四國都是顓頊高陽氏後裔昆吾的後代，同爲己姓。温於夏代前期建國。夏代末年，商族崛起，今本《竹書紀年》載："帝癸二十六年，商滅温"。商族於公元前一千六百零五年，在伐夏過程中滅掉温國。文獻記載温國興亡史有根有據，所説温姓源於温國，絶非空穴來風。

二、碑碣墓誌等實物資料爲憑證

濟源市文物局考古學家盧化南先生對温佶碑和温邈墓誌的考古發現與文物價值已經作了詳盡的介紹。這對於探討温氏之源有重大的參考價值。過去我們雖然大都主張温氏爲顓頊高陽氏的後裔，但具體得姓始祖不詳。現在這兩塊碑石明確無誤地記載温國始祖名平，找到了温姓始祖，解决了温姓之源。其重要價值，不限於此，還對温姓流變作了記載，説明著名的太原堂温氏就是温平的後裔。【唐故太常丞贈諫議大夫温府君（佶）神道碑】説："温氏裔顓頊，爲己姓，其後有平，佐夏滅窮，厥用祚土，子孫因居其邑而仍其侯。侯廿六代至乂，邑於周，别封於郄"。此碑爲宰相牛僧孺撰文，户部尚書裴潾書丹，規格甚高，史料價值甚高。再一個是

【唐故徵君左補闕温先生（邈）墓誌銘并序】説：“温先生諱邈，字順之，本己姓，有平者，佐夏滅窮，受封於温，因以命氏。自平至乂，廿六代，仕周爲司馬，别封於祁，始爲太原人”。由此可知，温族始於夏代前期，始祖名平，因助夏滅有窮氏有功，受封於温（今河南温縣），建立温國。温平至二十六代孫温乂時，别封於外地。温佶碑説别封於郄地，温邈墓誌説别封於祁。郄與祁字形與音相近，兩地相距不遠，有可能是温乂别封到祁地。至西漢初，其後裔温疥之孫温何遷至太原祁縣，其後裔中名人輩出，有東漢精忠報國的温序、三國魏涼州刺史温恢、西晋司徒温羨、東晋安郡公温嶠、赫赫有名的唐初三彦——温彦宏、温彦博、温彦將。追根溯源，這些人都是温平的後裔。温佶是温大雅的五世孫，温邈是温大雅的六世孫。因而温氏主流郡望——太原堂温氏是由温平後裔形成的。

根據文獻記載與碑刻資料，可知中華温姓本是顓頊高陽氏的後裔，始祖爲平公，起源於古温國（夏代）。

温氏枝葉繁茂，玉樹臨風，約從晋代開始，從河南、山西等中原地區向全國各地播遷，近現代以來，不少温氏族人頻頻向海外遷徙，從而形成了分布於海内外的温氏。

温氏滿天下，祖根在温縣，始祖名温平。

作者：馬世之，1937年生，河南温縣人，河南省社會科學院研究員，河南省文史研究館館員。黄河文化研究會副會長、河南省炎黄文化研究會副會長、河南省傳統文化促進會副會長、河南省中原聖賢研究會副會長，國務院政府特殊津貼專家。

唐温佶碑與温邈墓誌銘考證

楊東晨

温姓是中華姓氏中古老的姓氏之一,歷史悠久,分布地域廣大,遍及全國各地,是中華姓氏文化的一部分。其來源古今說法較多,我認爲出自姬姓黄帝後裔之説較爲妥切和可信。温姓起源於温(今河南温縣西南),形成宗族於并州祁(今山西祁縣),并由祁向四方遷徙。東漢末年,温姓人開始南遷,三國的吴、蜀已有温姓人。文獻明確記載遷於建業

（今江蘇南京）的，是西晋末年的名士、官員温嶠。他和較早遷居南方的温姓人，分别被不同地區的温姓家族人崇奉爲南遷的祖先。

一、温姓起源之多元説實爲姬姓皇帝後裔

温姓的來源説法不一，時代上有夏代、周代、春秋、南北朝等始有温姓之説，族源有華夏、西戎、北狄、東夷等説。

1. 出自姬姓皇帝後裔的温姓

《廣韻》記載："温氏，唐叔虞之後，受封於河内温，因以命氏"。《元和姓纂》記載："温氏，唐叔虞之後","受封河内之温，因以命氏"。《路史·國名記戊》載："温，叔虞後，封在河内，狄滅之"。

（1）出自姬虞後裔

《姓譜》云："唐叔虞之子，受封於河内温（今

河南温縣西南），因以命氏”。《史記·晋世家》載：“晋唐叔虞者，周武王子而成王弟。初，武王與叔虞母”。《集解》引《左傳》：“邑姜方娠太叔”。服虔曰：“邑姜，武王后，齊公女也”。會時，夢天謂武王曰：“余命女生子，名虞，余與之唐”。及生子，文在其手曰：“虞，故遂命之曰虞”。又云：“武王崩，成王立（公元前一千零四十二年），唐有亂，周公誅滅唐（帝堯的後裔國）。成王與叔虞戲，削桐葉爲以與叔虞”，曰：“以此封若”。史佚因請擇日立叔虞。成王曰：“吾與之戲耳”。史佚曰：“天子無戲言。言則史書之，禮成之，樂歌之，於是遂封叔虞於唐”。可見封叔虞於唐是周成王。《通誌·氏族略》云：“温氏，姬姓，虞叔之後”。狄人滅温，是指公元前六百五十年滅叔虞後裔之温國。國滅後，子孫以國名而姓温，即春秋時期姬姓叔虞的後裔纔改姓爲温。

（2）出自郤（姓讀細）姓

晉景公時期（公元前五百九十九—前五百八十一），晉國大夫至，食采於温邑（温縣西南），稱温季。《世本》云："温氏，晉至食邑河南之温，號曰温季，因以命氏"。《廣韻》記載與此相同。《路史·國名記戊》云："僖公十年（公元前六百五十年）狄滅叔虞之後的温國，"晉敗狄人，周襄王將温地賜予晉國，以後季'等食采於温'"。《古今姓氏辯證》云："至無後"。郤相通。《尚友録》、《正字通》均記載：姓出自姬姓。即至之温姓，還是出自姬姓黄帝後裔之後。因其無子孫，故不被視爲温姓之祖。

（3）出自蘇忿生後裔

《蘇洵族譜·後録》載："蘇氏之先，出自高陽。高陽之子曰稱，稱之子曰老童，老童之子生重黎及吴回。重黎爲帝嚳火正，曰祝融，以罪誅，其後爲司馬氏。而其弟吴回復爲火正。吴回生陸終，陸終生子六人，長曰欒，爲昆吾；次曰惠連，爲嶺胡；次曰篯錢，爲彭祖；次曰求言，爲鄶人；次曰安，爲曹姓；季曰季連，爲羋姓。六人者，皆有後，其後各分爲婁姓。昆吾始姓己氏，其後爲蘇、顧、温、董。當夏之時，昆吾爲諸侯伯，歷商而昆吾之後無聞。至周有忿生爲司寇，能平刑教百姓，周公稱之，盍書所謂司寇蘇公是也。司寇蘇公與檀的達皆封於河，世世仕周，家於其封，故河南、河内（即今河南省）皆有蘇氏”。《元和姓纂》云：“蘇姓顓頊祝融之後，陸終生昆吾，封蘇，鄴西（今河北臨漳縣）蘇城是也。蘇忿生爲周司寇，居河内（指今河南省黄河以北地區，此處則是指河内郡，治所在武陟縣西南）、扶風（今陕西興平）、武功（今屬陕西）。漢蘇建自河内，徙扶風”。《古今姓氏書辯證》温氏：“謹按《春秋》，周武王克商，蘇忿生以温爲司寇，其裔孫蘇子，叛王即狄，遂滅國”。《姓氏急就篇》云：“温氏，己姓，周蘇忿生以温爲司寇，春秋時狄滅温，温子奔衛（今河南淇縣）。蘇公之後也，國於温，故曰温子”。清代張澍《姓氏尋源》云：“《春秋》僖公十年（公元前六百五十年），狄滅温，温子奔衛。温子即蘇子，蘇氏爲己姓，則温出己姓無疑”。周王封蘇忿生於蘇城，再遷封於温（今河南温縣西南）。

公元前六百五十年，北狄滅温國，其後裔以國名改姓温（即春秋始有温姓）。《唐温侯碑》云：“温姓出生己姓昆吾，顓頊高陽（黄帝之孫）之後也”。這支温姓人的遠祖仍是姬姓黄帝。

（4）出自劉姓

文獻記載：劉姓人有改爲温姓的。《通誌·氏族略·以邑爲氏》記載："劉氏爲陶唐氏之後，居於劉（今河北唐縣），後裔遂以劉爲姓。其後裔劉累，有禦龍之術，被夏朝第十三世王孔甲賜爲禦龍氏"。春秋時其後代留居秦國者，仍爲劉氏。此説顯然有些模糊。《史記·夏本紀》載："帝孔甲立，好方鬼神，事淫亂。夏後氏德衰，諸侯畔（叛）之。天降龍二，有雌雄，孔甲不能食，未得豢龍氏。陶唐既衰，其後有劉累，學擾龍於豢龍氏，以事孔甲。孔甲賜之姓曰禦龍氏，受豕韋之後。龍一雌死，以食夏後，夏後使求，懼而遷去"。《集解》服虔曰："後，劉累之爲諸侯者，夏後賜之姓"。《正義》引《括地誌》云："劉累故城在洛州緱氏縣（今河南偃師市）南五十五里，乃劉累之故地也"。裴馬因案："賈逵曰：

“劉累之後至商不絕，以代豕韋。祝融之後封於豕韋（今河南滑縣），殷武丁滅之，以劉累之後代之”。賈逵又曰：“夏後饗，而又使求致龍，劉累不能得而懼也”。《左傳》曰“遷於魯縣（今河南魯山縣）”。這就是説，劉累是姬姓唐堯（黄帝之五代孫）的後裔，夏王孔甲賜姓劉。雌龍死，孔甲令其再尋找一條雌龍，以供食用。龍爲天降，怎么能找到？懼被殺，逃於緱氏縣南山中。再逃於魯縣（今魯山縣）避難。商王武丁時滅豕國（在今滑縣），封劉累的後裔於此，仍稱豕韋國。後來，商王將劉姓國君封遷於唐（今山西翼城），而封自己的兒子爲豕韋國君。劉累的後裔中，有的家族人改姓温。《温姓譜序》記載：“《新唐書》又有劉姓改温者，劉易從之子昇流嶺表（廣東），六通使（武則天女皇派出）誅流（故）人，昇爲首領所庇免，後易姓温”。溯其源仍是姬姓黄帝之後裔。

當然，劉姓出自姬姓的，還有周成王封的宗室之子於劉邑（今偃師市南），其後裔改姬姓劉姓者。這支劉姓人中也有改姓温的，遠祖仍是姬姓黄帝。以上這些温姓之人，與黄帝都有或近或遠的血統關係。

2. 出自少數民族的温姓

少數民族的温姓，有的是出自黄帝後裔的温姓人徙入，或與其族通婚而生子女而姓温，與黄帝有血緣關係，有的是尊奉黄帝爲祖先，改姓温，與黄帝無血緣關係。

（1）北狄係鮮卑族人敗復姓爲温姓

《魏書・官氏誌》載："北魏鮮卑族有復姓叱温氏、温盆氏、温孤氏，隨魏孝文帝遷都洛陽後，改爲漢族的單姓温"。《魏書》載："鮮卑族自稱爲黄帝後裔。蒙古，滿族的單姓，復姓温，當爲北狄之後裔之姓。回族的温姓，則係受漢族的影響所致”。這些温姓人，與黄帝及其後裔無血統關係。

（2）西域康居（舜後裔）國王賜姓温

帝舜後裔康族人西遷後，同當地民族融合而建立康居（康人安居之義）國，在今獨聯體之哈薩克共和國巴爾喀什湖和鹹海之間。王都在卑闐城。《舊唐書》載：“女皇武則天時，康居國歸附，大首領笆婆缽提被女皇封爲國王，賜姓温”。《温姓譜序》載：“《唐書》康居國其王改姓温，本月支人”。可見康人已與月支（漢文帝初大月支人從今甘肅敦煌、祁連山遷入）相融合，之後建立了康居國，月氏人爲國君。又云：“《五代史》有趙姓易温者，趙彥景之子昇”。帝舜姓姚，隨繼父又姓虞或嬀氏；趙姓、嬴姓同出自少昊的嬴姓。他們均源於東夷（今山東），從少昊起就與黄帝族融合，組成華夏聯盟，故《史記》將舜列爲黄帝之後，嬴姓秦人自認是顓頊後裔，即皆奉黄帝爲祖先。至於菲律賓國王蘇禄東王巴都噶·叭哈喇入明朝獻貢品，在回國途中因病卒於今山東德州北營村，留下次子温哈喇和三子安都魯，以及王妃守墓并定居。温哈喇之後，取其首音姓温。其姓與華人的温姓無什麼關係。

綜合以上所述和詳析，温姓出自姬姓黄帝後裔（一般是以國爲姓，不需要再細分出自帝顓頊、帝嚳、帝堯、昆吾等）之姓氏，比較符合歷史事實和可靠。

二、起源於温而形成宗族於祁的温姓世係

今之中國與世界華僑中的温姓人，根在河南温縣是肯定無疑的。《尚書》至《史記》以前的文獻内，未見到正史書有温姓人的記載。并州（今山西太原）温姓祠堂的祖先較晚（係温姓望族在太原做官時家族居此而營修），并州祁（今山西祁縣）之温姓望

族見於《史記》，名曰温疥。其前的姓氏書，衹有周代或春秋形成的温姓人，周代以前，則根本没有記載。河南濟源市發現的唐代《温佶神道碑》和《温邈墓誌銘》，爲我們解開這個難題提供了珍貴的實物資料和證據。

1. 碑與墓誌銘記載的温姓始祖先“平”的年代考

根據【唐故太常丞贈諫議大夫君神道碑并序】、【唐故徵左補闕温先生墓誌銘】(以下簡稱《神道碑》、《墓誌銘》)載：“温氏裔顓頊，爲己姓，其後有平，佐夏滅窮，受封於温，因以命氏”。碑與墓誌銘記載簡略，有不少細節問題需要考證和解釋。

（1）有窮氏後羿與寒浞篡夏朝政權的年代考

關於夏朝立國的時間，我們采用《夏商周斷代工程1996—2000年階段成果報告》（簡本）之説，并依據公元前二千零七十年推算姬平“佐夏王消滅了犯上做亂的有窮氏（寒浞）”之年代，并對此作以解釋。《史記・五帝本紀》云：“帝顓頊高陽者，黄帝之孫而昌意之子也”。《正義》引《華陽國誌》及《十三州誌》云：“蜀之先肇於人皇（一般認爲指炎帝）之際。黄帝爲子昌意娶蜀山氏，後子孫因封焉。帝顓頊高陽氏，黄帝之孫，昌意之子，母曰倡僕，亦謂之女樞”。又引《河圖》云：“瑤光如貫月，正白，感女樞於幽房之宫，生顓頊，首戴干戈，有德文也”。顓頊是黄帝之孫，姓姬，子孫除襲本姬姓外，因封地或封國而又形成約四千二百個姓氏。顓頊帝後裔姬平，“因助夏滅有窮氏有功”。是否准確？《史記・夏本紀》載：“夏後帝啟崩，子帝太康立（公元前二千零五九年）。帝太康失國，昆弟五人，須於洛，作《五子之歌》”，《集解》徐廣曰：“皇甫謐曰夏啟元年甲辰，十年（公元前二千零六十年）癸丑崩”。孔安國曰：“盤於游田，不恤民事，爲羿所逐，不得反（返國）”。“太康五弟與其母待太康於洛水之北，怨其不反（返），故作歌”。啟定都於陽城（今河南登封市告成鎮），太康繼位後，遷都於斟邛尋（今河南偃師市緱氏鎮二里頭遺址處）。太康荒淫，懶於國事，重用好武的後羿。《史記·夏本紀》《索隱》引《左傳》魏莊子曰：“昔有夏之衰也，後羿東夷族人，姓窮，先輩建有窮國於鬲(今山東德州市故鬲城,本爲窮姓，夏代通常在 前邊加有，後邊加氏，名曰有窮氏國）。傳至後羿爲國君時西遷於鉏(讀除,即今河南滑縣），自鉏遷於窮石（今河南洛陽北邙山），因夏人而代夏政”。《左傳·襄公四年》載：“昔有夏之衰也，後羿自鉏遷於窮石，因夏民以代夏政”。後羿竊權之年約爲太康五年（公元前二千零五十四年），太康一行被羿武力阻擋不得返朝，衹好避難於同族的康國（在今河南禹州市）。康國之君熱情接待和安置，之後又爲太康另修了城池居住，名曰"太康城"（後世在此置縣，命名曰太康縣，即今河南太康縣）。後羿懼夏民及諸侯國反抗，遂立太康之弟仲康爲王，自己獨掌朝政。夏巽《尚書詳解》云："羿立仲康，方將執其征伐之柄"。仲（亦寫作中）康爲傀儡王，憂愁鬱悶成疾，執政十三年（公元前二千零四十一年）後去世。後羿又立仲康之子帝相爲王（公元前二千零四十年），不久，廢之，自己稱王，改夏王爲有窮王。《左傳・襄公四年》載，杜預注："禹孫太康，淫放失國，夏人立其弟仲康。仲康亦微。仲康卒，子相立，窮遂代相，號曰有窮"。相被後羿逐出王城（今偃師市二里頭）後，在舊臣、親從護衛下東徙於斟灌（今山東壽光縣東南，本姓族國），仍稱夏王，與有窮王后羿分庭抗禮。《帝王世紀》云："羿恃其善射，不修民事，淫於田獸，棄其良臣武羅、伯姻、熊髡、□圉而信寒浞。寒浞，伯明氏（寒國在今山東濰坊市東北寒亭），伯明後以讒棄之，而羿以爲己相"。後羿爲有窮王后，荒淫比夏王太康有過之而無不及，引起夏舊臣及諸侯國不滿，寒浞乘機發動宮廷政變，殺後羿及其子，滅其族。《帝王世紀》又云："寒浞殺羿於桃梧，而烹之以食其子。其子不忍食之，互於窮門。浞遂代夏，立爲帝。寒浞襲有窮之號，因羿之室"。徐涣龍《屈賦洗髓》載："浞娶純狐氏，非無家室，眩惑羿妻之美，既謀吞其國，又謀吞其妻，何羿射貫革絶綸，浞之不畏，而揆謀所以交吞之"。時約爲夏王相五年（約公元前二千零四十八年）。有窮王浞霸占羿妻後生子澆及豷，二人長大後皆身體魁梧有力，武藝過人，善於帥軍作戰。

（2）帝相與有窮王浞對抗遭殺害

《後漢書·西羌傳》記載："昔夏後氏太康失國，四夷皆叛。及後相即位，乃徵畎夷，七年（公元前二千零四十年）然後來賓"。帝相征服東夷九個部落或國後，又向西擴土，遷都於頓丘（今河南濮陽）。有窮王浞派子澆帥大軍東進，次子豷隨軍征伐，先攻滅斟灌國（在山東壽光縣），後又攻滅斟邛尋國（在今山東濰坊市東北三十里處）。浞以軍功封澆於過（今山東掖縣），過國之君；封豷於戈（今河南商丘與新鄭之間），爲戈國之君。時逃於有鬲（今山東德州）的太康之臣"靡"，乘機收斟灌、斟邛尋二國散軍餘民，組成一支軍隊，等待時機。澆爲過國之君後，奉父王命又率大軍攻頓丘，經激戰攻克王城，殺帝相。懷孕的帝相妃後緡乘慌亂從牆洞中逃出，回到有仍國（在今山東濟寧市）之君（父母）的宫室，足月後生子少康。東漢王符《潛夫論·五帝德》云："澆滅相，妃後緡方娠，逃出自竇，奔於有仍，生少康焉，爲仍（國）牧正"。

（3）少康在舊臣靡與諸侯國支持下奪回夏朝政權

《史記·夏本紀》司馬貞《索隱》按："帝相被篡，歷羿浞二世，四十年"。即從公元前二千零四十年至前二千年。以夏代的成年爲十五歲計算，少康應生於公元前一千零一十二年。他在外祖父母和母親的培育下長大，約十五歲（公元二千零二十七年）時被國君（外祖父或舅父）任爲牧正（主管養馬馴馬業），以避有窮王浞的耳目。但不幸的是，浞還是偵知帝相的遺腹子在有仍國，遂令交出。少康衹好又西逃入帝舜後裔的有虞氏國（在今河南虞城縣，簡稱虞國）。《左傳·哀公元年》記載："少康逃奔有虞，爲之庖正（主管膳食之官），以除（免）其（被浞知而捕殺）害。虞思（國君）於是妻之以二姚（即將其姚姓二女許予少爲妻），而邑諸綸。有田一成，有眾一旅，能布其德，而兆其謀，以收夏眾，撫其官職。使女艾（虞思兩個女兒的婢女之一）諜澆，使季杼（杼爲少康的長子，約生於公元前二千零二十年）誘豷，遂滅過、戈，复禹之迹，祀夏配天，不失舊物”。即約公元前二千年，少康在老臣靡、諸侯及己平等輔佐下滅寒浞，奪回夏王朝政權。《史記·夏本紀》、《索隱》引《春秋》魏莊子云：“後羿恃其好射也，不修人事，而信用伯明氏之讒子（忤逆不孝之義）寒浞（讀捉）。浞殺羿，烹之，以食其子，子不忍食，殺於窮門，浞因羿室（霸占後羿的妻妾）生澆及豷，使澆滅斟灌（國在今山東壽光縣）民及斟邛尋（在今山東濰坊市一帶）氏，而（夏王帝）

相爲澆所滅，後緡歸於有仍（國在今山東濟寧市），生少康。有夏之臣靡，自有鬲（今山東德州古鬲城）收二國之火盡以滅浞”。太康失國，少康復國的事迹，詳見拙著《夏商周時代》。因此説，平“佐夏滅窮”的年代爲約公元前二千年，具體滅的是寒浞及其族人。又因寒浞被伯明驅逐後歸依了後羿，滅羿後又襲有窮或窮王之號，故《神道碑》、《墓誌銘》皆曰：“平佐夏滅窮”。詳寫應爲：己平佐夏少康滅窮（或有窮）王浞。

（4）出自己姓的平被封爲諸侯國

《神道碑》云：“温氏裔顓頊，爲己姓”。《墓誌銘》云：“温先生諱邈，字順之，本己姓”。《世本·帝係篇》云：“黄帝生昌意，昌意生高陽，是爲帝顓頊”。“顓頊娶於滕墳氏，謂之女禄，産老童，老童娶於根水氏，謂之驕福，生重黎及吴回。吴回氏産陸終，陸終娶於鬼方氏之妹，謂之女陽貴，是生六子，孕三年，啟其左脅，三人出焉。其一曰樊，是爲昆吾”。《史記·楚世家》、《集解》曰：“昆吾，名樊，爲己姓，封昆吾（在今河南濮陽）”。可見，己姓是自黄帝之孫顓頊的姬姓，己樊封於昆吾，又曰昆吾氏。《神道碑》記載：平因“佐夏滅窮”，封於温，爲諸侯。《中國地名由來詞典》云：“温縣在今“河南省西北部，鄭州市西北，黄河北岸，漢置温縣，‘温’源於西周初期蘇忿生的封國名”。

一說因境内温泉得名，周爲温邑。一說己平被封於温而稱温平。此說也可成立，因以封地爲姓者，古已有之，一說是其國在被周朝滅後，己姓人以國名而姓温。《神道碑》亦云：己平封於温爲諸侯，“子孫因居其邑，而仍其侯。侯二十六代至乂，邑於周（即温邑爲周朝的屬地），別封於郄（讀細，在今山西祁縣）”。可見是周滅己平的温國後，子孫纔以國名姓温。但不論這兩種説法哪個是真，但温平都是温姓的始祖先。若以前説爲准，則夏王少康時已有温姓。己平封的温諸侯國，都城在温縣。《中國歷史地名大辭典》云：“温，即温縣，春秋晋置，治所在今河南温縣西南”。《左傳·昭公三年》：“趙文子曰：温，吾縣也”。從沁陽、濟源、孟州的縣治較晚分析，它們在春秋晋國時，當均屬於温縣的區域，即皆爲温諸侯國的轄地。以往從文獻、族譜的記載看，多認爲是叔虞或蘇忿生的起源於温，後遷於并州祁。其前的代係無載。《神道碑》、《墓誌銘》不僅補充了缺失，而且還糾正了文獻的誤記。如《新唐書·宰相世係表》云：“温氏出自姬姓。唐叔虞之後，以公族封於河内温，因以命氏。又至食乎於温，亦號温季”。從此至西漢則失載。《神道碑》記載："温氏裔顓頊，爲己姓，其後有平，佐夏滅窮，厥用祚土，子孫居其邑而仍其侯。侯廿六代至乂（讀義），邑於周，别封於郄"。這裏雖然從"平"至"乂"的世係失載，但補充了由温遷於郄（今山西祁縣）的是温乂。《墓誌銘》進一步云："自平至乂，廿六代，仕周爲司馬，别封於祁，始爲太原（祁縣古屬於太原郡）人"。温乂至西漢的温疥之間，代係又失傳。

2. 碑石與墓誌銘載的温姓人之文獻考證（略）

作者：楊東晨，1941年生，河南孟津人，陝西歷史博物館研究員。陝西省文史研究館研究員、中華伏羲文化研究會副會長、中國舜文化研究會副會長。中國先秦史、秦漢史學會會員，中國民族學會漢民族研究會常務理事，陝西漢唐文化藝術研究院顧問。

温姓始祖　今有定論

盧化南

二千零八年四月十九日至二十日，由中國最權威的姓氏源流機構——中華伏羲文化研究會華夏姓氏源流研究中心在上饒舉辦了温氏源流研討會，當代全國著名的姓氏源流研究專家、學者和國内十多個省（市）的温姓代表出席了會議。會議通過對【唐故太常丞贈諫議大夫温府君（佶）神道碑】碑文和【唐故徵君左補闕温先生（邈）墓誌銘】的研究，發現了中華温氏始祖的誕生過程及名字：“有平者，佐夏滅窮，受封於温，因以命氏”。這對深入開展中華百家姓氏源流的研究和海内外温姓華人尋根祭祖，有着十分重要的意義。

關於中華温姓始祖的名字，因歷史上有温姓多源之説而説法不一，這讓海内外温姓華人尋根謁祖時倍感困惑。江西是歷史上温姓南遷的最早徙居地之一，早在東漢初年就有祁縣温嶠輔佐晋元帝渡江，官拜侍中、中書令等職，“機密大謀，詔命文翰，皆所參綜”。後甘願離京都任江州刺史，定居南昌。後又平王敦、伐蘇峻，功勳卓著。孫中山曾這樣評價温嶠：“要立誌做大事，不做大官”，古代祁縣的温嶠就是這樣的人物。

在研討會上，與會專家和各地温姓代表在對碑文、墓誌及其它有關資料研究後一致認爲，現有文獻已説明,温姓起源於夏代的温國,即今河南省温縣。夏代少康年間，有一個叫“平”的人輔佐夏帝滅了有窮氏的謀反,因功受封於一個有温泉的富庶之地,因這裏有温泉而稱温國，并以國爲氏，天下始有温氏。這位古温國的創始人“平”，是天下温姓的始祖，距今約四千年。周初，第二十六代温乂被别封祁地爲司馬；西漢初年，温疥受封栒順侯，其孫温何始居太原祁縣，而後形成望族，温序、温恢、温嶠及唐初“三彦”(温彦宏、温彦博、温彦將)等“太原堂”温氏均是其後裔。

本次研討會上展示的唐碑和墓誌拓片，其墓主正是唐初黎國公温大雅五世孫温佶和六世孫温邈。其中温佶碑通高四點七三米，寬一點二六米，厚零點三八米，氣勢恢宏，在唐碑中極爲罕見。其碑文由唐著名宰相牛僧孺撰文，户部尚書裴潾書丹，更使該碑具有極高的文物價值。在有關温氏源流的記載方面，這是當今所有有關文獻中記載最爲詳盡、撰書人身份最爲顯赫的文獻，因而是温氏源流研究最可信的依據。與會專家和学者還一致認爲，因温姓起源歷史悠久，温平之後可能有他姓他族改附温姓，所以歷史上纔有温姓多源之説。夏代温平作爲温姓最早起源始祖，對於他源温氏後裔來説，應做爲文化認同，共同祭祀，促進和諧社會建設。與會温氏代表認爲，據現有温氏家譜記載，温氏後裔并非出自多源，均尊温疥、温何、温序、温嶠等一脉爲其先祖。現存家譜均爲明清時期各地温氏所修，因資料欠缺,交流不便,有部分家譜引用《元和姓纂》、《新唐書》所説，將温氏説成是晋國唐叔虞之後，而敬唐叔虞爲始祖。現在有唐代先祖碑文和墓誌銘親述，我們當以先祖所説爲據，尊古温國創立者温平公爲温氏始祖爲實，糾正過去的錯誤，讓我們共同繼承温氏優秀的歷史文化，共同開創温氏及中華民族的美好未來。

〔**附**〕**：**

古代濟源的温姓名人

温氏是中華姓氏中的一個古老而著名姓氏，在中華民族的起源與發展進程中，發揮了重要作用。夏代的都城（原城）在濟源，少康、帝杼就在濟源辦公和管理國家事務行使權力，至今少康陵墓在濟源苗店村東南兩公里處，當時封温國，在温縣合乎歷史地域事實。

在濟源的大地上就有幾位温姓名人的墓地，其中有：

一、温佶

唐代諫議大夫，葬在濟源市坡頭鄉左家山村（見温府君神道碑）。碑文中記載：安史之亂時温佶見平原太守顏真卿，助爲守計，并守城直至勝利。從碑上可以看出，一個諫議大夫，聯係三位名人，足顯示其尊貴和榮耀。温佶受到這樣的尊重，可見温佶的貢獻和爲人的品行。

再則從碑文中得知温佶是黎國公（唐封）温大雅五世孫，對温姓發展提供了一個翔實的資料。從唐史中得知，唐太宗李世民常說："大唐李家天下，全憑温家將相輔助"。可見温氏人對創建和鞏固唐朝江山的貢獻和重要。

二、温造

唐代河内濟源人(七百六十三至八三十三年),任河陽節度使,升任兵部侍郎、禮部尚書、受封右僕射。年輕時隱居王屋山鐵岸村琵琶泉處,由於鐵岸村和藥園村地土相連,古代地域不分,或先有鐵岸村後因温造種藥,纔分離出藥園村。我可從五方面證明温造在濟源:

1. 祖輩口傳,村名原稱“温公藥園”,簡稱“藥園村”。村中兩條大街分别命名爲温公街和藥園街。

2. 藥園關帝殿前有一通清代光緒十三年(一千八百八十七年)重修的石碑。碑中有如下文字:“邑北五里許,有村藥園非無故也,唐有河陽節度使温公造者,愛此地之嶽秀川靈,泉甘土肥,種藥於斯,遂以爲名”。

3. 白居易有詩《過温尚書舊莊》:“白石清泉

拋濟口，碧幢紅旆照河陽，村人都不知時事，猶自呼爲處士莊”。詩中所说“處士莊”的處士，就是温造。

4. 温造出仕後，韓愈寫了《送温處士赴河陽軍序》一文，稱温造隱居王屋爲良馬、推薦人烏重胤爲伯樂，主題是説温造的才能出眾。當時温縣、濟源、河清縣同屬孟州管轄，韓愈乃孟州人。

5. 温造的父親埋葬在濟源，他年少時在濟源的可能性很大。温造有兩大功勞：一是平叛安史之亂，組織河陽之戰。二是興修水利造福人民。水利工程一地在山東，一地在濟源。温造在大和五年平叛後，因有耳疾，求退洛陽，授河陽節度觀察使職。此期間奏請皇上，復修枋口渠（濟源五龍口廣利渠），可灌溉濟源、沁陽、温縣、武陟四縣土地五千頃。濟源人爲了紀念他，在枋口渠首刻碑留念；在縣城東關把泉水稱爲“僕射泉”（因温造死後，朝廷賜“右僕射”）。

三、温邈

一千九百九十年八月，在濟源市坡頭鄉左山村温佶墓旁發現一通《温邈墓誌銘》。從銘文中得知温邈是温佶次子，温造的二哥。温邈葬在坡頭鄉左山村，陪伴在“温佶墓”旁。銘文是河南尹李珏撰，文中稱，温氏，本己姓，有平者，佐夏滅窮，受封於温，因以命氏，自平至乂二十六代，仕周爲司馬，別封於祁，始有太原温氏。通過該文可瞭解温姓的發展和由來，否定了唐叔虞和蘇忿生爲温氏始祖的說法。

四、温姜文

清代道光四年七月，裴村立温公斷案碑一通，碑高一點三米，寬零點七米，厚零點一二米，位於五龍口裴村農科所内。根據碑文記載，裴村聖皇嶺地被人强奪，温知縣（縣長温姜文）接案後認真調查，拒絶賄賂，以公斷案，物歸原主，深得後人稱讚，立碑记之。有一通清代光緒十三年（一千八百八十七年）重修碑。碑中有如下文字："邑北五里許，有村藥園非無故也，唐有河陽節度使温公造者，愛此地之嶽秀川靈，泉甘土肥，種藥於斯，遂以爲名"。

作者：盧化南，1953年生，濟源市大峪鄉上寨熬坪人。畢業於河南大學中文係。濟源市文物管理局文物考古研究員、國家地震學會會員、濟源市專業技術拔尖人才、濟源市姓氏學會常務副會長等。

温姓起源考

鄭常銘

一、姓源説

關於姓氏的起源，早期有以部落名稱爲姓，有以河、山、植物名字爲姓和賜姓的。以後又有以國、以邑、以官職、以父祖名字等爲姓的。但不管如何產生，都有一個最早的起源。

關於對姓氏起源的理解，我認爲最早產生的應視爲源。如果你已知有人姓此，而你也去姓此，那么你就衹能是改附或附從，而不能算作此姓的起源，最多衹能算作此姓某一支的始祖。

那么是否有雙源和多源的姓呢？我認爲如果你不知道别人已姓此姓，你去姓了此姓，這在古代資訊不靈的時代，是完全可能的，屬於這種情况，我認爲可以看作是雙源或多源。對於温姓，我認爲不存在雙源和多源的情况。

二、温姓起源的各種説法

關於温姓起源的説法，主要有兩個方面，一是史書上的説法，二是家譜上的説法。

史書上的説法主要有四個來源，一是古温國的後裔，即顓頊和昆吾的後裔；二是蘇忿生的後裔；三是郤至的後代；四是唐叔虞的後裔。各種姓氏書籍所載大致相同。今録部分記載於後：

《中國人名大詞典·姓氏考略》云："温顓頊裔，爲己姓。見《唐温信碑》（應爲《唐温佶碑》）。又晋大夫郤至，食采於温，號温季，因以爲氏"。見《廣韻》。《新唐書·宰相世係表》云："温氏出自姬姓，唐叔虞之後，以公族封於河内温，因以命氏。又郤至食采於温，亦號温季"。宋代羅泌《路史》云："温己姓，子爵，今孟之温西南三十里有古温城"。其它如唐《元和姓纂》，宋代鄭樵《通誌》，清代張澍的《姓氏尋源》説法均雷同。

温氏族譜上的説法：

據考，温氏族譜晋時已有，唐初又由温大雅編撰，其後有顔真卿爲之序，宋時沈括、歐陽修又爲之序。今僅見沈括序一篇。南宋汪應辰（端明殿學士、上饒郡侯）、文天祥爲温氏族譜寫有序。其餘皆爲清代及其後的族譜。顔真卿的序言我們未見到，大概早已佚失。沈括序明言爲“古之温邑之後……”。汪應辰未講起源，文天祥講爲晋武公“指温爲姓”。其它族譜上的觀點多以唐叔虞之後爲主，兼指郤至亦爲起始祖。也有認爲是昆吾氏己姓古温國後裔。今收集温縣和孟州譜序各一篇，山西祁縣譜序五篇，廣東譜序十二篇，四川、重慶和浙江温州譜序各一篇。歸納起來説法主要有二：一是起源於古温國，二是唐叔虞的後裔。

綜合以上史書和家譜的説法，有以下四種觀點，一是昆吾氏的後裔，古温國的國民，始祖温平。二是蘇忿生的後裔，以居住於温邑而姓温。三是唐叔虞的後裔，封於温而姓温。四是郤至的後裔。

三、對各種起源觀點的看法

（一）昆吾氏後裔

己姓，黃帝的孫子顓頊的後裔。《竹書紀年·帝係名號歸一圖》中有昆吾氏的四個分支部落“蘇、顧、温、董”。左丘明《國語》卷十二鄭語中有“己姓昆吾，蘇、顧、温、董。”韋昭注“五國皆昆吾之後別封者”。這説明温是己姓昆吾之後，是夏代的一個封國。

唐朝温造爲其父温佶寫的墓碑（牛僧孺撰文）上有“温氏裔顓頊，爲己姓。其後有平，佐夏滅窮，厥用祚土，子孫因襲其邑，而仍其侯”。

造兄邈的墓誌中有“本己姓，有平者，佐夏滅窮，受封於温，因以命氏”。

這已明確説明，温爲夏代封國，因助夏滅有窮氏（寒浞）有功，受封於温，因以命氏，始祖名平，時間當在公元前二千年時。北宋著名的科學家和政治家沈括爲温仲舒（宋真宗時宰相）的兒子（或是孫子）寫的《温氏族譜叙》開頭即“古之温邑之後，三代（夏、商、周）以來，其爲名邑也遠矣”。肯定了温姓起源於夏代的古温邑。南宋羅泌的《路史》中也講：“温，己姓，子爵。今孟之温西南三十里有古温城”。温縣和孟州的温氏譜序也明確寫道“夏代，先祖受封於温，因以命氏”。兩地温氏，世代相傳爲祖居老户。（孟州温姓所住的海頭、南開儀兩村在隋代以前屬温縣。）祇可惜古之家譜佚失，不能詳其傳遞情況。由以上資料看來，温姓起源於夏代的平公。有人説“古温國在山西”。還有説“温國周之旬邑也”。請説者查一下史書和辭書，自古至今，稱爲温國和温邑的，祇有今温縣一地，别無它處。旬邑（在今陝西西安西北）是秦代始置，是漢初温疥的封邑，在周代根本無旬邑這一地名。温姓的起源地衹有現在的温縣一處，别無二地。

今中國社會科學院歷史研究所研究員孟世凱在研究殷墟甲骨文中“温”字的形成時説：“今河南温縣早在商王朝武丁時期就成邑，武丁當是沿襲上代温之名，同時温縣和以地名爲姓的温，其歷史至少也有三千五百年以上”。

（二）蘇忿生的後裔

持這一觀點的人主要依據就是《左傳·僖公十年》（前六百五十年）“經十年，春……，狄滅温——蘇子奔衛”。孔穎達疏：“蘇子，司寇蘇公之後也。國名爲蘇，所都之邑名爲温，故温蘇遞見於經，是得兩稱故也”。孔氏在這裏已講的很清楚，蘇子、温子就是一個人，衹是人們對他的稱呼不同罷了，就如韓居鄭地，人們也稱韓爲鄭。魏都大樑，人們稱魏爲梁一樣。《竹書紀年》有“梁惠成王三年（前三百六十八年），鄭城邢丘”。梁即魏，鄭即韓，所以不能說，一見温子奔衛，就説蘇子改温姓了。實際上在狄滅温三十二年後，周頃王又命蘇子代表他去和魯文公會盟。《左傳·文宫十年》“秋七月，及蘇子盟於女栗，頃王立故也”。説明蘇子還是蘇子。并没有因爲國亡外逃而改姓温。既未姓温，怎么能是温氏的起源祖呢？至於説蘇氏族人長期居於温地，和温姓混居在一起，是否有人改姓温，這也未可知。即使有，也是改附，而不是起源。所以説蘇忿生後裔爲温姓的一個起源祖是根本不成立的。

（三）唐叔虞的後裔

即唐叔虞六世孫晋靖侯宜臼封其弟遠(字明由)於温，遠爲始祖。(也有稱唐叔虞第三子封於温)。《左傳》、《尚書》、《國語》等資料記載，周武王封大司寇蘇忿生於温等十二邑，以温爲首邑，也就是説温邑當時是蘇國的國都。温邑做爲蘇國的國都直到公元前六百五十年蘇國滅亡，一直是被蘇國牢牢控制著，况且蘇國的國君還一直是周王室的上卿，一般人是不敢來找他的事的。而叔虞封唐是成王時，已比蘇忿生封温晚了若干年。晉靖侯（前八百五十年前後在位）怎么能把自己的弟弟封到别人的國都去呢？况且正史資料上根本找不到依據。所以這種説法是根本不能成立的。至於文天祥説的晉武公（前七百二十五——六百八十七年在位）“指温爲姓”，也和這個一樣，無法成立。温縣公元前六百三十五年纔歸晉的，首任縣大夫是狐溱。

（四）郤至的後裔

這種説法見於姓氏書籍的較多，影響也比較大，這裏想比較詳細地説明一下。

這種看法，在晉代已見於温氏家譜。唐代的《元和姓纂》有“温，唐叔虞之後，晋公族受封河内之温，因以命氏。又郤至食采於温，亦號温季”。宋代歐陽修也持這種觀點。南宋鄭樵更明確説晋公族大夫就是指郤至。此後的姓氏書籍紛紛采用此觀點，影響極大。首先我們看郤至是否是唐叔虞的後代。《國語》和《左傳》上出現郤氏最早的是郤至的曾祖父郤豹，也叫郤叔虎。《説文・邑部》：“郤，晋大夫叔虎邑也”。并未説他是叔虞的後代，而叔虎的祖上是誰，正史未講。與叔虎的兒子郤芮同時代的郤稱、郤乞，郤是與叔虎同姓不一家。宋代鄧名世的《古今姓氏書辯證》説：“郤氏姬姓。晋公族大夫食采於郤，以邑爲氏”。他却没説這個公族大夫是誰。看來郤氏是否姬姓，還有疑問。

其次郤氏一族從來都不是公族大夫。從《左傳》、《國語》中所有出現郤氏一族的地方，包括正文和注疏，都衹説是“晋大夫”、“卿”、“晋之舊姓”（《國語》卷十）、晋之寵人”（《國語》卷三），從未稱其爲公族大夫。况且公族大夫一詞的含義并不是指國君本族之人，按鄭玄、杜預、孔穎達的解釋，它衹是一個職官名稱，是負責教誨公卿子弟的官。許多公族大夫都不是國君同姓人。此官職也不世襲，是由國君任命的（此情况可參看《左傳》卷二十一和卷二十八）。

其三郤至號温季，并没有説郤至就改姓了温，在《左傳》中提到郤至的有幾十處都是稱爲郤至，衹有在郤至被殺時，有二處稱爲“温季”。就像郤至的堂祖父和堂伯父稱冀芮和冀缺一樣，他們仍然姓郤，郤缺的兒子郤克就不叫冀克。所以郤至稱温季，史書上也没有他的子孫改姓温的記載。

其四據《國語·晋語八》載，晋太傅叔向説郤至“其身屍於朝，其宗滅於絳”。説明郤氏確是被滅族了。郤至的子孫們是否有人逃出而姓温，這就很難説了。以上説明，不管郤至是否是唐叔虞之後，不管有没有子孫逃出姓温，他都不是温姓的一個起源祖，即使他有子孫逃出姓温，那也衹是改附，而不是起源，我們現在也没有看到哪一支温氏説明自己是郤至的後代。

綜合以上幾種看法，説明温姓的起源衹有一個，那就是昆吾氏後裔的古温國，也就是現在的河南省温縣。得姓時間約在公元前二千年。温姓的始祖爲古温國的立國者温平，比唐叔虞早將近一千年。

四、訛誤的起因和後果

温姓攀援唐叔虞爲始祖，是有其歷史原因的。在魏晋南北朝時期，由於朝廷實行九品中正制選拔人才，尤以門第爲重。所以自那時起修家譜之風盛行，爭相擡高門第，以免被人看不起而不能被選擇做官。到唐初更由朝廷核定門第等級，也就是説你的門第是否高，得由官方認定。這就更促使了一些人造假尋祖以擡高門第，而要造假得官方認可，那他就必定和官方有相當的關係，方可能成。下面録幾段温氏族譜序言，以使大家更爲明了。

北宋寶元元年太子中允沈括《温氏族譜叙》："至唐太宗，奏天下譜牒，退新門，進舊望，左膏梁，右寒徽 ...... 而温氏亦與首稱"。清乾隆十三年祁縣童生崔振《温氏世譜新序》："乃無如世之爲譜者，每多扳援仕宦，附會名賢，以爲某爲某卿之派，某爲某相之裔，是何類於崇韜拜令公之墓，而貽羞於狄青卻梁公之圖乎。此皆不知豪傑舊興於白丁，而昧於木本水源之大義也"。清翰林院檢討、廣内東梅縣温仲和光緒二十一年《嘉應石坑重修温氏譜序》：“余閱江西寧都州族人所爲温氏譜。以温出姬唐叔虞之後，乃溯而上之至於黄帝，又推而下之每代，皆爲造名，而不言所本何書。又顛倒失次罔知朝代先後，蓋鄉僻虛造之書，其不足取信昭昭矣。自魏晋州置中正，以九品官人，門第相高。一時有‘上品無寒門，下品無世族’之諺。故南北朝隋唐譜學最盛”。梁劉孝標（注）：“《世説》，品藻門注引温氏譜序曰：晋大夫郤至封於温，子孫因氏。居太原祁縣爲郡著姓。此温氏譜出於梁以前者，其序得姓之由，不言唐叔虞之後，亦不言晋公族，不知何故”。（編者注：《左傳》温没有温季“子孫因氏”的記載。）

看來，説唐叔虞是温姓始祖這一錯誤，是唐初温姓的一些人受當時社會環境影響，爲擡高門第，攀援附會而造成的。至宋朝時，歐陽修（新唐書的作者）又爲之傳訛。致使現在許多温姓之人以《新唐書·宰相世係表》爲正史，而信以爲據。孰不知“其記近事則有徵，溯遠胄則多舛。蓋由於信譜牒而無實事求是之故也”。（温仲和《嘉應石坑重修温氏譜序》）而人們又不去驗證史實，以致以訛傳訛。

作者：鄭常銘，1949年生，河南温縣人，温縣地方誌辦公室主任，是温縣歷史資深專家，對温縣古温國原於夏代和温姓源流有着較早的研究。

温氏家族與濟源關係初探

馮　軍

温姓氏族是中國歷史上歷史悠久的名門望族，有着燦爛的文化。

濟源是濟水之源，是上古時期以來人類活動的重要區域。温姓氏族在漫長的歷史發展長河中與濟源有着密切的關係。

本文試將相關史料及碑刻等實物資料，進行梳理，初步探討温姓氏族在濟源的活動軌迹及其重要意義。

一、少康中興與温氏先祖

少康中興是夏代前期重要的歷史事件。公元前二十一世紀，大禹的兒子啟建立了夏朝，成爲我國第一個奴隸制王朝。啟去世後，其子太康繼位，祇顧田獵遊樂，不理政事，夏部族權威削弱，夏民不滿，東夷有窮氏部落趁機西進。其首領後羿乘太康失德之機，在夏民的擁護下奪得了夏政，史稱“太康失國”、“後羿代夏”。後羿奪得權位後并没有稱王，而是立太康之弟仲康爲王。仲康死後，其子相繼位，實權在後羿及寒浞手中。

夏王朝在少康時期復國，史稱“少康中興”，少康是相的兒子。《今本竹書紀年》記載：“帝少康十八年，遷於原”。《古本竹書紀年》記載：“帝寧居原，自遷於老丘”。《史記·趙世家》《正義》引《括地誌》：“原在懷州濟源西北二十里”。

少康爲了復國，以濟源爲根據地，原城遺址正是少康都城所在。原城遺址位於濟源市火車站一帶，爲新石器時代龍山文化至漢代文化遺存。遺址規模較大，東起濟瀆廟，西至濟源電廠，北起小李莊，南至濟瀆大街，總面積約六十三萬平方米。經過多年的考古調查、發掘和學者研究，初步認定這裏正是“少康中興”所在的夏王朝都城原址。

由於夏王朝當時勢力衰弱，少康聯合了一些部族共同作戰。【唐故太常丞贈諫議大夫温府君神道碑】記載“温氏裔顓頊，爲己姓。其後有平，佐夏滅窮，厥用祚土”。【唐故徵君左補闕温先生墓誌銘并序】記載：“温先生諱邈，字順之，本己姓，有平者，佐夏滅窮，受封於温，因以命氏”。從這裏可以看出，夏代有一個叫“平”的人，是顓頊帝的後裔，帶領族人，參加了夏王朝撲滅有窮氏叛亂的戰爭，因而獲得封土，温氏由此得以姓氏。

可以説，温氏得姓就是因爲輔佐少康中興有功，而濟源是少康中興的根據地，是當時的夏代都城。温氏先祖平帶領族人正是由於在濟源地區的活動，創建了存亡復國的不朽功勳，纔得以封於温地，得姓温氏。因此，可以説濟源是温氏姓氏起源的重要根據地。

二、唐代温氏傑出人物温造在濟源

温氏唐朝時期在濟源的活動達到了一個新的高潮。這與一個著名的歷史人物有關，此人就是温造。關於温造在濟源的活動，正史和地方誌上都有明確的記載。主要有以下三個方面：

1. 早年隱居王屋山

《新唐書温造傳》“造，字簡輿，姿表瑰傑，性嗜書，然盛氣，少所降屈。不喜爲吏，隱王屋山，人號其居曰處士墅”。

清《濟源縣誌》：“温處士莊，在河清”。温造隱王屋山，人號其居曰“處士墅”，又稱“處士莊”。唐代大詩人白居易詩《過温尚書舊莊》“白石清泉抛濟口，碧幢紅旆照河陽。村人都不知時事，猶自呼爲處士莊”。

唐代濟源坡頭一帶曾設河清縣，左山村正在其管轄範圍。當時温造隱居之所，應該正是今坡頭乡左山村。

2. 濟水源頭種藥——温公藥園

今濟源城北有藥園村，村民祖輩口耳相傳温造曾在這裏居住，并種植藥園，村也由此得名。村中關帝廟現存清代光緒年間碑刻也有相關記載“邑北五里許有村藥園，非無故也，唐有河陽節度使温公造者，愛此地之嶽秀川靈，泉甘土肥，種藥於斯，遂以爲名”。

藥園村在濟水北岸，距離濟水源頭很近，從白居易《過温尚書舊莊》一詩的内容描寫的地理特徵和意境來看，詩中提到的“處士莊”在藥園及附近的可能性很大。

3. 興修水利，造福人民

（1）興修濟水水利

清《濟源縣誌》“千倉渠上堰，源出濟廟西，穿廟東流，合萬泉寨之水……，千倉渠下堰，即千功渠，源出龍潭……二堰共利地六十一頃有零，開自唐河陽節度使温造”。

清《濟源縣誌》引宋《千倉渠水利奏立科條碑記》

“孟州濟源縣舊有渠堰，傳沿爲唐河陽節度使温造雍濟水以溉民田，謂之千倉渠”。

這兩段記載説明温造任河陽節度使時，曾在濟水上設堰，引水灌溉，并命名爲“千倉渠”。此渠後世一直沿用修繕，直至現代。築堰所在地爲今濟源城北的南堰頭與北堰頭之間，村名也因此而來。

（2）興修沁河水利

《新唐書温造傳》“大和五年，入爲兵部侍郎，以病自言，出東都留守，俄節度河陽。奏復懷州古秦渠枋口堰，以溉濟源等四縣田五千頃”。

清《濟源縣誌沁水條》“秦渠在縣東三十里……唐温造爲河陽節度使，奏復秦渠枋口堰，以溉濟河温武四縣田五千頃”。

秦渠枋口是濟源乃至中原古代最爲著名的水利工程。最早建於秦代，以枋木爲門，故稱枋口。歷史上屢廢屢修，東漢、三國、隋代均修繕不斷。温造任河陽節度使時，枋口堰也已破敗，温造上奏朝廷，組織人力物力，修復并擴大枋口堰水利工程，惠及整個河内地區。

4. 擇立家族墓地

清《濟源縣誌》“温佶墓，在左家山，《舊誌》以爲佶子造墓，今從墓表改正”。也可能《舊誌》另有所依據，温造墓也在此地。

由於温造長期在濟源學習，生活，并任官職，他對濟源這一片山水有着十分深厚的感情。温造最終選擇他早年隱居之所安葬父親温佶。後來他的兄長温邈及其家人也相繼葬於此處，由此形成規模宏大的温氏家族墓地。

目前，在坡頭鄉左山村已發現兩通重要石刻，簡介如下：

《温府君神道碑》，位於坡頭鄉左山村，刊刻於唐大和七年，六螭碑首，巨形龜趺碑座。篆額【唐故太常丞贈諫議大夫温府君神道碑】。該碑通高四點七三，寬一點二六，厚零點三八米。此碑乃唐代名臣温造爲紀念其父温佶功德而立。碑文詳細記述了温佶的生平事迹，其中述及顔真卿爲平原太守，拒“安史之亂”叛軍之際，温佶從旁輔佑，出謀劃策，居功至偉。接著，又記述了温佶第三子温造平“興元軍亂”，名動朝廷的事迹。大和七年，温造任河陽三城節度使，按“唐制位三品者，父祖得以刻石紀神道”的制度，爲其父温佶刊立了這通碑刻，以紀其德行。此碑所記事迹與史料多有印證，且所記温氏起源及温佶生平，多爲史料所未見，爲研究唐代歷史提供了難得的實物資料，因而具有很高的史料價值。該碑下半部分因風化已漫蝕不清，據殘存官職稱謂并查對史料，推定此碑乃唐代名相牛僧孺撰文。該碑形制巨大，氣魄非凡，書法遒勁灑脱，結體優美，具有很高的藝術價值。該碑堪稱是濟源地區難得一見的石刻藝術珍品。

温邈墓誌銘，現存河南省博物院，上世紀九十年代初出土於坡頭鄉左山村。分爲墓誌和蓋兩部分，保存完整。唐代宰相、時任河南尹李珏撰文，温邈的兒子温璃書丹。碑文記述了温氏先祖源流和唐代温氏傳承世係，以及唐初温氏名人温大雅至温造、温邈的世係關係，不僅對《唐書》等正史資料提供了重要的補充材料，更爲瞭解温氏在唐代發展傳承提供了明確而重要的實物依據。

5. 流芳百世

清《濟源縣誌寓賢篇》記載“温造，字簡輿，并州祁人，詳見太原人物。晋温嶠之後，大雅從孫也。

初隱王屋山，人號其居爲處士墅。先應張建封聘使幽州，辅劉濟。繼居東都。河陽節度烏重允奏置幕府。韓昌黎有送温處士序，即造也。後歷仕至節度河陽，奏復秦渠枋口堰，以溉濟河温武四縣田。召爲御史大夫，改禮部尚書。府誌及舊誌具載爲河清人。豈以其墓在左家山故與？而廣輿記入於懷慶流寓，宜從之”。

正是由於温造與濟源多有關係，清代《濟源縣誌》的編撰者纔將温造列入《寓賢篇》，爲濟源歷史上著名的人物。

作者：馮軍，1977 年生，河南濟源市人，河南鄭州大學歷史學院在讀博士，濟源市文物管理局副研究員，是親自參加【唐故徵君左補闕温先生墓誌銘】發掘工作的專家。

《元和姓纂》與《新唐書》的温姓之誤

温國勝

關於温氏起源，歷史文獻中有不同的記載，對温氏影響較大的主要有兩種：

一是夏代古温國温平；

二是周代晋國唐叔虞。

在【唐故太常丞贈諫議大夫温（佶）府君神道碑】和【唐故徵君左補闕温（邈）先生墓誌銘】之前，

有不少文獻資料都持温氏源於唐叔虞之説。

關於温氏源於晋唐叔虞之説，最早始見於唐人林寶所著之《元和姓纂》。《元和姓纂》有“温，唐叔虞之後，晋公族受封河内之温，因以命氏。又郤至食采於温，亦號温季”。林寶此説有何依據呢？有人説是温姓人爲應對朝廷選拔人才以門第爲重而攀援名人爲始祖的。這在魏晋南北朝時期，特别是唐初尤爲盛行。如果當時確實温氏家譜中有此説，而林寶做爲史家爲何不做考證呢？有多種史料有載，周成王封唐叔虞唐國侯（後改晋國）直至約五百年後的公元前六百五十年，温地是蘇國屬地，蘇國的都城就是原來夏代温國的都城，後一直稱爲温城。直至公元前六百五十年，狄滅蘇，温地歸晋，纔有晋國三次封三個大夫於温，且任期均很短。特别是《元和姓纂》中所説的郤至，僅封温不足一年即被滅族，史書説其無後。但祇因爲郤至封温後曾號温季，林寶就將其説成是“唐叔虞之後”、“晋公族”，進而將此説成是温氏的“因以命氏”。

而與林寶同時代的温氏最顯赫家族却不認可他這種説法。温大雅五世孫温佶，生前爲唐太常丞，其子温造是禮部尚書，温佶去世時由唐朝著名宰相牛僧孺撰寫了碑文，户部尚書裴潾書丹，刻立了【唐故太常丞贈諫議大夫温（佶）府君神道碑】，此碑文明確記録了温氏出於黄帝之孫顓頊帝後裔，是夏代平公“佐夏滅窮，厥用祚土”，也就是説温氏是在夏代以封地爲氏的。并列明其前温序、温恢、温羡、温嶠、唐初三彦（温彦宏、温彦博、温彦將）等，均是其後代。

《元和姓纂》這部書謬誤甚多，爲史家所不引。該書撰寫於唐憲宗時期，著者林寶爲濟南人，官居朝議郎、太常博士。《元和姓纂》的内容是先列皇族李氏，余者依唐韻分二百零六部，每韻之内，大姓爲首，記載唐時各姓氏之來歷及家譜的。全書共收録姓氏一千二百三十二個。

但林寶編此書僅歷時二百餘天，其考辯多有不足，典引亦多謬誤、缺漏。故南宋大家洪邁在其《容齋隨筆》中批曰："《元和姓纂》，誕妄最多"。所以，至宋時，不少史學家批判和糾正了林寶《元和姓纂》中諸多謬誤。

大政治家、科學家沈括在爲宋真宗時的宰相温仲舒後人寫的《温氏族譜序》中，說温氏乃"古之温邑之後，三代（夏、商、周）以來，其爲名邑也遠矣"。也肯定了温氏是起源於夏代的温國。

關於温姓氏族起源說影響較大的還有，宋時的《新唐書》，明、清期間的有些姓氏書和温氏家譜引用其説者頗多。

《新唐書》是北宋嘉佑年間編匯成書的一部唐史。其中列傳主要由宋祁負責，本紀、誌、表由歐陽修負責。宋祁曾任知制誥，有文名，他歷時十餘年，完成了列傳。而政治家、大文豪歐陽修却因參加推選“慶曆新政”的活動而被貶地方，到至和年間纔重入京朝。等到他寫本紀、誌、表，已是嘉佑五年。由於時間關係，該書匯列傳、本紀、誌、表之時，并没有經過嚴格審核。

《新唐書・宰相世係表》中，載有唐一朝任宰相的九十八姓三百六十九人的家譜世係，文獻多基於唐林寶的《元和姓纂》，其中錯誤難免。近代學者丁光訓先生曾著有《歐陽修唐史錯誤八十條》。在温氏起源方面，不但完全承襲了《元和姓纂》之説，并又有多處誤記。如將温佶誤爲温信，將大雅五世孫誤爲四世孫等。

温姓族史的求真索正，勢在必行。

作者：温國勝，1956年生，河南温縣人，曾工作於温縣縣委政策研究室，祥雲鎮黨委，温縣醫藥管理局等單位，現任温縣世界温氏聯誼總會秘書長，因温姓源於温縣而注重温氏源流的研究。

温氏始祖是温平　不是唐叔虞

温思侃

關於温氏的始祖，家譜多數記的是唐叔虞。有四種説法：一是唐叔虞之子燮父封於温；二是唐叔虞六世孫晋靖侯宜臼（公元前八百五十年前後在位）封其弟遠（字明由）於温邑；三是郤至封温邑；四是蘇忿生封温邑。經我多年考證，不成立。這些史書記載經不起考證，更没有任何歷史佐證。

武王元年（公元前一千零四十六年）至魯僖公

二十四年（公元前六百三十六年）温邑一直是周直屬地，後蘇忿生爲司冠封以温邑。

魯僖公二十五年三月十九日（公元前六百三十五年），晋文公（重耳）二年，晋文公帶領晋軍住陽樊（今河南濟源）。右翼部隊包圍温地，左翼部隊迎接周襄王，在温地捉住太叔帶，把他殺死在濕城。四月四日，晋文公見天子，晋文公請求死後能用隧道葬自己，周天子没有允許，説："這是天子典章，不能有兩個天子"。周天子將陽、樊、温、原、茅的土地給晋侯。見《左傳》，此後温地歸晋。

唐叔虞之子燮父（公元前九百多年前後在位）、唐叔虞六代孫靖侯宜臼（公元前八百五十年前後在位）封其弟遠（字明由）温邑，因温地是周天子屬管的封邑，燮父、遠（字明由）兩人怎能封到周天子屬管的封邑？燮父是晋侯，封地在并晋陽城北二里。

史料稱郤至的號爲温季，此記載在史料上衹出現過兩次。號不等於姓温。郤氏家族歷代爲高官怎麼能改外姓？（夏朝就有温姓）。晋太傅叔向説郤至“其身屍於朝，其宗滅於絳”。見《國語·晋語八》，説明郤氏確是被滅族了。狄滅温三十二年後，《左傳》提到郤至有幾十處都是稱爲郤至，説明郤至没有改姓， 他的家人也没姓過温。現在也没有聽説哪一支温氏説自己是郤至的後代，更没有一部家譜記載。

魯成公十一年，晋郤至與周爭鄇田（温的邑名），王命劉康公、單襄公訟諸晋。郤至曰：“温，吾故也（郤至的采邑），故不敢失”。劉子、單子曰：“昔周克商，使諸侯撫封，蘇忿生以温爲司冦，與檀伯達封於河内。蘇氏即狄，不能於狄而奔衛。襄王勞文公而賜之温，狐氏（狐溱）、陽氏（陽處父）先處之，而後即子（指郤至）。若治其故，則王官之邑也，子安得之”？此話意思是：温邑一直是周天子屬官的封邑，封蘇忿生司冦，後因蘇子逃衛國，周天子將温邑賜給晋文公，晋文公先後封給狐溱、陽處父，後纔封給你（郤至），現周天子要温邑，你不是周天子的屬官，怎能居温邑？晋侯也命令郤至不能爭。從這篇文章看，在這段時間内温邑賜給晋文公（公元前六百三十五年）至郤至與周天子爭鄇田（公元前五百八十年），前後五十五年封過三位大夫到温邑，前两位都没有因温邑改姓，郤至怎麼會改呢？文章中還是稱郤至。六年以後郤至被殺，郤至怎么會改成温姓？

蘇子（蘇忿生裔孫），蘇姓，出至夏昆吾（公元前六百六十五年）。狄滅温後，蘇子奔衛，認爲蘇子改成温姓。三十二年後，魯文公十年，秋七月，即蘇子盟於女栗。杜預注："僖十年，狄滅温（蘇子采邑），蘇子奔衛，今復見，蓋王復之"。見《左傳》。蘇子代表他去和魯文公會盟。蘇子還是蘇子末改温姓。

從以上考證，説孌父、明由、 郤至、蘇子是温姓起源的始祖毫無根據。因此説，温氏不是出於唐叔虞。説温氏出於唐叔虞没有任何史料依據，更無有力的佐證。

太原温姓不是出於唐叔虞，而是出於更早於唐叔虞的夏朝。“己姓昆吾 (樊)、蘇、顧、温、董”。見《世本》和《帝王世記》記載：“ 蘇、顧、温、董。都是以國爲姓”。《國語·鄭語》六百六十二頁注:“温姓之先出自己姓”。《急就章》注：“出自夏己姓昆吾 (樊) 之後，蘇、顧、温、董”。(昆吾原是地名，己姓樊封到昆吾，成爲國，以後昆吾成樊的名字、國名，又是姓氏)

據唐温大雅五代孫《温佶神道碑》及其子《温邈墓誌銘》記載，夏少康年間，有位己姓名平的人，佐夏滅窮，有功封於温，以國爲姓， 温平即我温姓始祖。這佐證了我太原温氏出自己姓昆吾(樊)。昆吾，夏仲康、相兩朝夏伯，(夏仲康六年約公元前二千零二十八年，命昆吾爲諸侯伯)。根據歲數，温平是昆吾之子， 温平應當是少康元年戊戌年(公元前一千九百五十六年)後不久封温地爲國。帝芬三十三年(公元前一千九百年)，封昆吾氏子於有蘇。《國語·鄭語》："己姓，昆吾，蘇，顧，温，董"。《唐書·宰相世係表》："有昆吾之子封於蘇"。《古本竹書記年》："帝癸二十六年(公元前一千六百零五年)商滅温"。《國語·鄭語》："己姓，昆吾，蘇，顧，温，董。則夏滅之也"，帝癸二十九年(公元前一千六百零二年)商取顧，帝癸三十一年商滅夏(公元前一千六百年)夏朝滅亡。以上考證，充足的史料證明温氏出自夏朝温平，不是唐叔虞。難怪我計算了好多南方温氏族譜輩數衹有十幾歲，唐叔虞比温平少近千年，相差三十來輩，近四千年的家史，用三千年的歷史去平均，當然衹有十幾歲，温氏改温姓起源始祖爲唐叔虞，家譜很難真實，百害無益。早就聽老輩講：祖宗傳言温氏始祖原己姓，不是唐叔虞。後纔改唐叔虞。難怪我三院家譜不提唐叔虞。

综上所述，以唐碑文爲據，以多種史書爲證，完全可以説明，温姓始祖是温平，不是唐叔虞。

作者：温思侃，1936年生，山西太原人，中專學歷，高級建築工程師，對中華姓氏族譜頗有研究，特别是温姓氏族的譜係源流研究，在中華姓氏學方面著作、論文較多。

校點後記

《温姓本原》是裒集遠古紀年，歷史事件，時代文化，名人典故，舊制禮樂，古體字形，專家考究，學者論證，以及書法藝術爲一體的綜合性學術史書。

爲了研究考證的需要和史學嚴謹的不苟，是書，就碑文原刻的書體與古文獻實録的字形，作了尊重歷史文化原貌，并采用了繁體字，包括部分舊體字在内的輯成出版，旨在爲讀者提供一真確的文籍。

囿於學力，不免闕謬，幸方家郢正之。

校點者
2016年3月